知识产权新视界丛书

专利客体的确定与商业方法的专利保护

郎贵梅 著

知识产权出版社

内容提要

在互联网技术广泛应用于各行各业的新形势下，商业方法专利除外原则受到了挑战，美国率先对以计算机软件实施的商业方法的专利客体地位给予了司法肯定，这在全球范围内引发了商业方法专利战争。本书以商业方法在美、欧、日的专利保护发展为切入点，在分析专利客体确定原则的基础上，深入论证了商业方法的专利实质审查和可专利性问题，最后从维护国家利益的角度，提出了我国应对策略的总体思路和具体建议。

读者对象：高等院校、科研机构、专利审查和执法机构工作人员，金融等网络技术应用广泛行业的法律实务人员和管理人员等。

责任编辑：龚　卫　　**责任校对**：韩秀天
封面设计：张小力　　**责任出版**：卢运霞

图书在版编目（CIP）数据

专利客体的确定与商业方法的专利保护/郎贵梅著. —北京：知识产权出版社，2008.6
ISBN 978－7－80247－285－3
Ⅰ.商…　Ⅱ.郎…　Ⅲ.金融－服务经济－专利法－研究
Ⅳ.D913
中国版本图书馆 CIP 数据核字（2008）第 070996 号

知识产权新视界丛书
专利客体的确定与商业方法的专利保护
Zhuanli Keti De Queding Yu Shangye Fangfa De Zhuanli Baohu
郎贵梅　著

出版发行：知识产权出版社

社　　址：北京市海淀区马甸桥马甸南村1号院		**邮　　编**：100088	
网　　址：http://www.ipph.cn		**邮　　箱**：bjb@cnipr.com	
发行电话：010－82000893　82000860 转 8101		**传　　真**：010－82000893	
责编电话：010－82000860 转 8120		**责编邮箱**：gongwei@cnipr.com	
印　　刷：北京富生印刷厂		**经　　销**：新华书店及相关销售网点	
开　　本：880mm×1230mm　1/32		**印　　张**：6.125	
版　　次：2008年6月第1版		**印　　次**：2008年6月第1次印刷	
字　　数：180千字		**定　　价**：15.00元	

ISBN 978－7－80247－285－3/D·642

目 录

导 言 …… 1

第一章 商业方法专利保护的缘起与发展 …… 4
第一节 商业方法专利客体地位的确认和肯定 …… 4
一、商业方法除外原则的回顾 …… 4
二、商业方法专利客体地位的确认和肯定 …… 7
三、若干典型的商业方法专利或有关诉讼 …… 9
第二节 商业方法专利保护的发展 …… 14
一、美国——大力推进 …… 14
二、欧洲——继续争论 …… 19
三、日本——积极行动 …… 23
四、概括比较 …… 26
第三节 主要国家商业方法可专利性要求的初步比较 …… 26
一、美国——实用的、具体的和明确的结果 …… 26
二、欧洲——进一步的技术效果和技术贡献 …… 31
三、日本——通过硬件资源具体实现 …… 38
四、美、欧、日商业方法专利保护的初步分析 …… 39

第二章 商业方法专利的界定 …… 42
第一节 主要国家关于商业方法专利的定义 …… 42
一、中国 …… 42
二、美国 …… 44
三、欧洲 …… 46
四、日本 …… 46

第二节 商业方法专利的定义和特征 …… 46
一、商业方法专利的定义和特征 …… 46
二、对商业方法专利的进一步理解 …… 50
第三节 商业方法与其他作为专利客体的方法发明之比较 …… 51
一、专利权的两大类型——产品专利和方法专利 …… 51
二、作为专利客体的方法发明 …… 53
三、商业方法发明与其他方法发明之区别 …… 54

第三章 专利客体的确定原则 …… 55
第一节 关于专利客体的立法规定和比较分析 …… 56
一、关于专利客体的立法规定 …… 56
二、比较分析 …… 61
第二节 确定专利客体的基本原则 …… 65
一、专利客体的肯定性条件 …… 65
二、专利客体的否定原则 …… 74

第四章 商业方法与专利实质条件 …… 82
第一节 专利实质条件的内容和关系 …… 82
一、专利实质条件的内容 …… 82
二、专利实质条件的关系 …… 83
第二节 商业方法发明与实用性审查 …… 85
一、实用性的立法规定和理论基础 …… 85
二、商业方法发明的实用性审查 …… 89
第三节 商业方法发明与新颖性审查 …… 90
一、新颖性的立法规定和理论基础 …… 90
二、商业方法发明的新颖性审查 …… 93
第四节 商业方法发明与创造性审查 …… 100
一、创造性的立法规定和理论基础 …… 100
二、商业方法发明的创造性审查 …… 102

第五章　商业方法的可专利性分析 …… 123
第一节　方法专利的判断原则 …… 123
一、方法专利判断原则在美国的演变 …… 124
二、欧洲对方法专利的判断要求 …… 128
第二节　商业方法可专利性之争 …… 134
一、反对商业方法专利的理由 …… 134
二、支持商业方法专利的理由 …… 140
三、总结和分析 …… 140
第三节　商业方法的可专利性分析 …… 142
一、商业方法作为专利客体与可区别性、稳定性 …… 142
二、商业方法作为专利客体与技术性、创造性 …… 143
三、商业方法的产业应用性 …… 145
四、商业方法的新颖性、创造性 …… 146
五、商业方法与技术公开 …… 146
六、商业方法的法律保护 …… 147

第六章　我国商业方法专利保护现状分析和对策研究 …… 149
第一节　我国商业方法专利保护现状 …… 150
一、法规政策方面 …… 150
二、社会意识和理论研究方面 …… 156
三、产业实务方面 …… 157
第二节　我国商业方法专利的对策研究 …… 160
一、决策之前需要分析和回答的问题 …… 160
二、我国应对策略的总体思路 …… 165
三、我国应对策略的具体内容 …… 168

结　语 …… 174
参考文献 …… 177
后　记 …… 186

导　言

信息社会、知识经济时代的到来，使有形财产的拥有在创造社会财富中的地位逐渐被创造性思维的运用所取代，知识产权也在社会生活和经济发展中发挥着越来越重要的作用。当前，知识产权，尤其是标志着技术创新能力的专利权，不仅构成企业的核心竞争力支撑着企业的长期竞争优势，而且决定着一个国家的国际经济竞争能力。因此，企业都将知识产权战略作为限制竞争对手发展、提高自身经济效益的商业制胜法宝，而世界各国政府也将创造和保护知识产权作为促进技术、经济、文化等领域的发展以增强其国际竞争力的重要战略手段。

随着经济全球化的发展和我国加入世界贸易组织，在世界贸易组织的统一规则下，我国企业在参与国际经济竞争中面临的不再是关税壁垒与行政壁垒，而是知识产权（尤其是专利权）和技术标准等非关税壁垒。对于我国这样一个专利保护历史不长、专利理论研究不够深入、专利管理经验相对缺乏的国家来说，这无疑是一个很大的挑战。2002 年，我国“入世”后发生了一系列专利事件，如：国内 DVD 厂商在六大 DVD 企业联盟（简称 6C）索要专利费的紧逼下与其达成协议，思科起诉华为侵犯专利权，我国产品出口在境外屡屡被控专利侵权，等等。咄咄逼人的海外知识产权维权浪潮证明了这场挑战的来势汹涌，也将我国企业的专利拥有状况的贫瘠和专利运用能力的羸弱暴露无遗。

DVD 机等作为高新技术产品，受到专利保护，这一点是在我国企业家的思考和预料之中的。但对于银行服务的方法来说，也可以取得专利权，却实在是超出了多数人的意识和理解。然而，我国金融业正面临着来自这类专利的威胁，这就是所谓的商业方法专利（Business Method Patent）。据报道，在国内银行毫不知情的情况下，国际银行业巨头美国花旗银行于1996年起至今已不动声色地在我国申请了19项金融产品的商业方法类发明专利。花旗银行抢注专利事件于2002年年底被国内新闻媒体披露后，在国内金融界激起了千层浪，也引起了社会各界的极大关注。什么是商业方法？什么是商业方法专利？花旗银行的19项金融产品的商业方法类发明专利在我国能否得到授权？如果授权将会给国内金融业带来什么影响？一时间，这些问题成为国内新闻媒体竞相采访、频频报道的热门话题。

什么是商业方法专利？商业方法能否受到专利保护？这些问题不仅让我国的企业家和金融从业人员感到困惑，而且让许多知识产权工作者也觉得不解。因为，商业方法在传统专利法中是不受保护的，其被排除在专利保护客体之外的原则，在许多国家或地区的专利法或其实施细则、审查指南中均有明文规定，例如，《欧洲专利公约》第52条之（2）c项明文指出“商业活动的方案、规则和方法”不可专利，我国现行专利《审查指南》将组织、生产、商业实施和经济等方面的管理方法及制度归入不受专利保护的智力活动的规则和方法一类。

然而，在计算机和网络信息技术广泛应用于各行各业（尤其是金融领域）的新形势下，美国却率先废除了商业方法除外原则，在State Street Bank & Trust Co. v. Signature Financial Group, Inc案中对以计算机软件实施的商业方法的专利客体地位给予了司法肯定，这在全球范围内引发了商业方法专利大战：美国企业和在其带动下的其他国家企业在世界各国竞相申请商业方法专利，欧洲、日本等地区和国家不断调整其专利审查政策。

与企业高涨的申请热情和国家积极的政策调整相比，国外理论界对商业方法的可专利性问题仍存在非常对立的观点，双方为支持其主张都进行了较深入的分析。反对者从宪法的角度和专利的作用等方面对商业方法专利提出质疑，肯定者则从互联网所带来的整个社会技术经济环境的变化来分析和论证商业方法的可专利性，并对商业方法专利的基础理论问题进行了深入的研究。尽管人们对商业方法的可专利性争议很大，但美国、日本等主要国家允许授权商业方法专利却也是不争的事实。那么，美、日等国家置上述反对理由而不顾，迫不及待地制定通过和执行其商业方法专利政策，并引发了一场国际范围内的专利激战，其原因何在呢？

这是由电子商务在未来全球经济中的重要地位造成的。当前，以电子技术（尤其是计算机和网络信息技术）为手段的商事交易活动，即所谓的电子商务，广泛且深入存在于众多产业和各个环节，得到了迅猛的发展。这种商业交易形式不仅极大地提高了经济效率，而且创造了巨额利润。在主要以数字化形式经营的金融领域，电子商务的作用更是难以估量。为了争占未来全球电子商务的制高点，美、日等国家肯定了电子商务商业方法专利客体的地位，并加强了对商业方法专利申请的审查和授予，以确保本国在未来全球电子商务中的竞争力。

花旗银行的19项专利申请将商业方法专利大战的战火引到了我国。何去何从，需要我国政府作出决策。在这种形势下，研究商业方法专利无疑具有重大的理论价值和实践意义。一方面，从理论上弄清可专利主题的性质和划分标准，从各个角度探讨商业方法是否应该受到专利保护，借鉴有关国家规定提出正确解决商业方法可专利后所带来的专利审查工作中的问题等建议，将会对建立科学而合理的商业方法法律保护制度提供理论依据；另一方面，在我国其他技术领域的专利拥有和利用情况已落后于发达国家的形势下，在商业方法发明方面和在所有发明整体方面，我国应当采取何种策略来维护国家利益，从而有助于我国经济进步和社会发展，这是实践急需我国回答的问题。本着上述目的，笔者对商业方法专利进行了初步研究。

在写作过程中，我查阅了大量的中英文文献，包括美、欧、日出台的与商业方法专利有关的政策法规，运用了辩证的方法、历史的方法、比较的方法、经济分析的方法、法解释的方法和判例研究的方法，从了解主要国家授予的商业方法专利、围绕商业方法专利所出台的政策和引起的争议等现象出发，深入研究了商业方法的定义、特征和商业方法作为专利客体的各种影响因素、商业方法专利的实质审查以及美、欧、日在商业方法专利保护上的差异等问题，并分析了我国商业方法的专利保护现状，结合国际国内形势，提出了我国应对商业方法专利战争的总体思路和应采取的有关具体措施。

第一章　商业方法专利保护的缘起与发展

第一节　商业方法专利客体地位的确认和肯定

2002年9月6日，一篇题为“花旗银行暗布专利　中资银行何时梦醒”的文章出现在国内一家大型报纸上，❶在我国金融界引起了轩然大波。这是因为国际银行业的巨头向中国申请了一种国内银行没有想到的全新的专利——商业方法专利（Business Method Patent)。

实际上，花旗银行早从1996年就开始在中国申请所谓的商业方法专利，而国际上被司法最终确认为有效的第一个商业方法专利（即State Street Bank & Trust Co. v. Signature Financial Group, Inc一案中的系争专利，美国第5193056号专利）是在1991年提出申请的，国外关于商业方法专利的争论也早已开始。国内知识产权界关于商业方法专利的研究开始于2000年，❷但商业方法专利引起我国实务界的普遍关注却是在两年以后，即所谓的花旗银行抢注专利事件被见诸报端的2002年下半年。在这之后，国内关于商业方法专利的探讨也渐趋热烈。

到底什么是商业方法专利呢？让我们从回顾商业方法除外原则开始，并通过对若干案例的分析以对商业方法专利有直观的了解。

一、商业方法除外原则的回顾

传统上，商业方法被认为不受专利保护。商业方法被排除在专利

❶ 花旗银行暗布专利　中资银行何时梦醒［N］．南方周末，2002-09-06.

❷ 张平．计算机软件专利保护观念在电子商务环境下的变革［J］．知识产权，2000(5)：22.

陈幼松．经营模式专利的冲击［J］．电子知识产权，2000(9)：55.

马骁．电子商务专利引发的几点思索［J］．电子知识产权，2000(6)：39.

保护客体之外的原则在许多国家或地区的专利法或其实施细则、审查指南中有明文规定。

《欧洲专利公约》第52条之（2）规定了不属于发明的客体，其中c项明文指出“商业活动的方案、规则和方法”不可专利。我国现行专利《审查指南》将组织、生产、商业实施和经济等方面的管理方法及制度归入不受专利保护的智力活动的规则和方法一类。

与上述由法规规章明文规定商业方法除外原则不同，美国专利法中没有关于商业方法是否可专利的规定。商业方法除外原则是由美国专利商标局（United States' Patent and Trademark Office，以下简称USPTO）在专利审查程序中和法院在专利诉讼程序中创造出来的。1868年，在USPTO审理的Ex parte Abraham案中，专利委员会委员认为“授予记账方法以专利与法律精神相违背”。1893年，纽约南区地区法院在United States Credit Sys. Co. v. American Credit Indemnity Co.案中进一步明确提出，一项“处理普通商业交易的方法”是不可专利的。[1] 在USPTO和地区法院表明其对商业方法作为专利客体的否定态度之后，美国关税和专利上诉法院（CCPA）[2] 在1908年的Hotel Security Checking Co. v. Lorraine Co. 案中首次表明了其对商业方法专利的态度，并成为确立商业方法专利除外原则的最早案例。[3]

Hotel Security Checking Co. v. Lorraine Co. 案所指向的发明是一个辨别每个服务员的订单从而防止服务员通过欺骗手段侵占公款的方法。虽然该方法可能在商业交易中得到实施，但因为它与“记账方法的历史一样悠久”，也就是说它不具有新颖性，因此，法院认为该方法不可专

[1] NICHOLAS A. SMITH. Business method patent and their limits［EB/OL］.［2003-11-29］. http：//www. mttlr. org/volnine/Smith. pdf.

[2] 在1982年10月1日联邦巡回上诉法院成立以前，关税和专利上诉法院作为其前身，受理不服专利复审委员会决定的上诉案件和不服联邦地区法院就专利侵权纠纷作出裁决的上诉案件。

[3] Business method exception - Mathematical algorithm exception - “Freeman - Walter - Abele Test”［EB/OL］.［2003-03-31］. http：//www. law. cornell. edu/patent/comments/96 _ 1327. htm.

利。法院进一步说明，由于无法找出任何实施该方法的新的且实用的物质手段，该方法只是一个抽象思想。在说明上述理由之后，法院在法官判决的附带意见（dicta）中进一步明确宣布，一个充分新颖的记账方法仍然不能得到专利保护。❶

Hotel Security Checking Co. v. Lorraine Co. 案所确立的商业方法除外原则，影响了其后 90 年的美国专利法的进程。在该案之后，USPTO 对商业方法除外原则采取了比较宽的解释。虽然此案涉及的专利申请不是因为其客体属于商业方法而被驳回的，但 USPTO 开始对所有提出商业方法的专利申请权利要求不予考虑。USPTO 不久还将该政策引进到其专利审查程序手册（Manual of Patent Examining Procedures，MPEP）中。MPEP 第 706.03（a）规定："虽然表面上落入方法种类，但做生意的方法能够因其不属于法定种类而被驳回。"该规定提供了驳回一个商业方法专利申请的理由，即商业方法不属于四种法定客体的范围。后来，直到 1996 年，很少有人提出商业方法专利申请。❷ 1996 年 2 月 16 日，在著名的 In re Alappat 案的终审判决两年后，USPTO 公布了新的《与计算机有关的发明的审查指南》。该审查指南指出："审查人员很难适当处理商业方法专利申请。不应当在专利申请中划分出商业方法类，相反，商业方法专利申请应当像其他方法专利申请一样对待。"❸ 此后，所谓的"商业方法除外"从专利审查程序手册中删除，这反映了 USPTO 对软件专利和与其有关的方法专利的态度的转变。❹ 该转变在商业方法专利第一案即 State Street Bank & Trust Co. v. Signature Financial Group，Inc 案中得到美

❶ NICHOLAS A. SMITH. Business method patent and their limits [EB/OL]. [2003 -11 -29]. http://www. mttlr. org/volnine/Smith. pdf.
dicta 是 dictum 的复数形式，在美国法官判决中被称为附带意见，该种意见对该案判决无直接关系，并无判例效力。

❷ 同❷文。

❸ Examination Guidelines for Computer - Related Inventions [EB/OL]. [2004 -11 -06]. http://www. uspto. gov/web/offices/com/sol/og/con/files/cons093. htm.

❹ See MPEP §706.03 (a) (1996).

国联邦巡回上诉法院（U. S. Court of Appeal for the Federal Circuit，以下简称 CAFC）的肯定，法院在该案判决中称，商业方法权利要求应像其他方法专利一样被对待，这是该种权利要求应当被对待的方式，从而宣布了商业方法除外原则的终止，为因其而产生的 90 年的争议画上了句号。

二、商业方法专利客体地位的确认和肯定

在国际范围内对商业方法的专利客体地位的司法确认和肯定是由 CAFC 于 1998 年的 State Street Bank & Trust Co. v. Signature Financial Group，Inc 案中作出的。

Signature Financial Group Inc.（以下简称 Signature）拥有美国第 5193056 号专利（以下简称 056 号专利），该专利名称为“轴辐式金融服务配置数据处理系统”（Data Processing System for Hub and Spoke Financial Services Configuration），指向的是一个以实现投资架构为目的的数据处理系统。在权利人 Signature 的经营中，该系统被用来管理和计算由数个共同基金所组成的投资合伙关系。其优点有二，一是产生投资管理的规模经济效益，二是提供合伙关系的税捐优惠。❶

State Street Bank & Trust Co.（以下简称 State）与 Signature 一样，也为多个合伙基金提供财产管理和会计计算的金融服务。State 请求 Signature 授权使用 056 号专利，协商不成，State 便向 Massachusetts 地区法院提起了要求确认该专利无效的诉讼。Massachusetts 地区法院审理后认为，056 号专利发明虽然不是针对一种数学演算法，而是涉及用以解决一个数学问题的装置，然而该专利没有牵涉资料形态的实质转换，而只是像其他会计方法一样用来处理并记录数字，其授予的是特定商业中所必需的会计系统垄断权，其范围等

❶ State Street Bank & Trust Co. v. Signature Financial Group Inc.，U. S. Court of Appeals Federal Circuit，July 23，1998 149 F. 3d 1368，47 USPQ2d 1596，http：//digital－law－online. info/cases/47PQ2D1596. htm.

于是独占该商业本身。Massachusetts 地区法院因此判决 056 号专利无效。Signature 不服，向 CAFC 提出上诉。

CAFC 指出，056 号专利的说明书指出了权利要求所对应的结构，因此，该专利所指向的是一机器，而机器属于正当的法定保护客体。同时，CAFC 又强调，对一客体是否应受到专利保护，应将判断标准放在客体的本质特征上，尤其是它的实用效果（practical utility），即实用、具体和明确的结果（useful，concrete，and tangible result）[1]。具体到本案中来说，其权利要求指向一个被轴辐式软件所运行的机器，确实产生了一个实用、具体和明确的结果，只不过该实用结果是以数字来表示的，如价格、利润、百分比、成本或损失等。

针对地区法院认定 056 号专利无效的另一理由专利客体商业方法除外原则，CAFC 指出，商业方法除外原则从来没有被 CAFC 或其前身 CCPA 援引作为判决基础，经常被引用来作为确立商业方法除外原则的 Hotel Security Checking Co. v. Lorraine Co. 案是以缺乏新颖性和不是发明为由认定系争专利无效的。[2] CAFC 认为，商业方法除外是个毫无理由的对第 101 条关于法定客体的限制，因其是错误、多余和过时的而应被废弃。CAFC 在判决中称，可专利性不应当视所主张权利的方法是商业方法而不是其他方法而定，商业方法权利要求应像其他方法专利一样被对待。

此外，CAFC 还对地区法院据以认定系争专利无效的数学算法除外原则进行了分析，并提出，如果一个方法包含或直接指向一个算

---

[1] Tangible 的含义有可触知的、确切的、明确的、真实的、有形的等，在这里，国内学者多将其翻译为有形的。笔者在本文中采纳了“明确的”这一含义。理由如下：一方面，从美国 CAFC 最初提出这一说法的 State Street Bank & Trust Co. v. Signature Financial Group，Inc 案来看，该案系争专利的最终运行结果是一组数字，对这组数字来说，我们很难说它是有形的；而如果我们称之为明确的结果似乎更为恰当。另一方面，方法运行的明确应当是其作为财产权客体的前提，否则我们将难以将其与其他方法相区别。

[2] Business method exception - Mathematical algorithm exception - “Freeman - Walter - Abele Test” [EB/OL]. [2003 - 03 - 31] http：//www. law. cornell. edu/patent/comments/96 _ 1327. htm.

法，就以此为由主张该方法属于非专利客体是没有根据的，同时一再强调对专利法定客体的判断应当以客体的本质特征（即上述的实用效果）为标准；针对地区法院提出的056号专利被赋予的权利非常宽以至于实际上封锁了为管理此种金融结构所必需的任何以计算机实施的会计方法的理由，CAFC则主张，专利的权利要求是不是太宽以至于不可专利不是根据第101条，而是根据第102条、第103条、第112条来判断。

根据以上分析，CAFC于1998年7月23日作出判决，驳回上诉，并将此案发还给地区法院。针对该判决，State申请美国最高法院重新审理。1999年1月11日，最高法院作出不予受理的判决，正式宣告与计算机软件有关的商业应用发明可以符合专利法第101条的条件，商业方法的专利客体地位从此确定。

综上所述，美国CAFC在该案中宣布商业方法除外原则结束的同时，提出了一个判断可专利性的标准，即专利客体的本质是其实用效果——实用、具体和有形的结果。

三、若干典型的商业方法专利或有关诉讼

自从美国CAFC通过State Street Bank & Trust Co. v. Signature Financial Group, Inc案，在国际范围内率先打开商业方法专利保护的大门后，成千上万件商业方法专利申请被递交到USPTO，[1]其他国家的专利局也不同程度地面临着潮涌而来的商业方法专利申请，与之相随而来的还有不断增多的商业方法专利侵权纠纷。

（一）AT&T公司拥有的电话系统通话信息记录器专利

AT&T公司拥有的名称为"电话系统通话信息记录器"的专利，

[1] 在美国，商业方法类专利申请主要划归705分类，在USPTO的网站上，我们可以查到近年来该分类专利申请提交和授权的数量，1998年至2003年的提交量分别为1340、2821、7800、8700、6782、6000件，授权量分别为420、585、899、433、493、495件，可以看出自State Street Bank案终审判决作出的1998年以来，705类专利申请的提交量和授权量都大幅度上升。http://www.uspto.gov/web/menu/pbmethod/application filing.htm.

指向的是关于处理长途电话计价及账单的方法与装置。该方法与装置在长途电话通话记录中增加了主用长途电话服务商指示器（primary interexchange carrier indicator，简称 PIC），以协助长途电话服务商视其用户是否与使用相同长途电话服务商用户进行通话，而提供不同的计费待遇。具体说来，该专利在标准通话信息记录中增加了一项信息栏位，以便区别显示是否为特定的长途电话服务商，从而作为处理和收费的依据。AT&T 公司于 1994 年获得上述专利，包含五项方法权利要求和一项装置权利要求。1996 年，AT&T 公司起诉 Excel 公司侵犯其专利权。地区法院认为，该专利权利要求中惟一的物理步骤是为数学演绎法采集数据，尽管使用了交换器和计算机等硬件，但上述设备的使用只是用来完成数据格式的非实质性转换，这种转换不能把一个非专利保护客体变成可专利的客体，因此，判决五项方法权利要求均为非专利保护客体。AT&T 公司上诉至 CAFC。CAFC 在该案中确认了实用的、具体的和明确的结果作为商业方法可专利性的判断标准，其认为，PIC 能够显示出有关受话方的信息，是一实用且非抽象的结果，可帮助长途电话服务商对于用户不同的电话受话及发话进行差别计价，应该构成可专利的客体。因此，CAFC 于 1999 年作出裁决，将该案发回地区法院进行重新审理。[1]

（二）Amazon. com 的一次点击网上购物方法专利诉讼案

Amazon. com v. Barnesandnoble. com 案涉及的是备受争议的美国第 5960411 号专利（下称 411 号专利）。Amazon. com 公司拥有的这项专利名称为“通过通讯网络处置购买指令的方法和系统”，指向的是一种方法，该方法使顾客仅通过对鼠标进行一次点击就完成订购、付款和货物运送行为。Amazon. com 将该一次点击方法视为电子商务中的伟大创新，并声称在该技术上花费了 6 个月时间。1998 年 5 月，Barnesandnoble. com 开始应用名为“快速通道”（Express Lane）

---

[1] 刘尚志，陈佳麟．电子商务与计算机软件之专利保护［M］．北京：中国政法大学出版社，2001：82.
该案裁决可见 http：//cyber. law. harvard. edu/property00/patents/Excel. html.

的网上购物系统，允许注册用户通过点击鼠标购买产品，Barnesandnoble. com 为该系统取的广告词为"一次点击即可购物"。1999 年 9 月 28 日，Amazon. com 获得 411 号专利，随即于同年 10 月 21 日向地区法院递交诉状，指控 Barnesandnoble. com 公司的"Express Lane"侵犯了其专利权，并申请法院颁发临时禁止令。地区法院认为，411 号专利与现有技术有显著的差异，电子商务领域内的普通技术人员不会轻易想到这种购物方法，且这种方法取得了商业上的成功并被其他网站效仿，因此该方法具有非显而易见性，该专利也就是有效的。为了避免 Amazon. com 公司遭受不可弥补的经济损失，地方法院颁发了禁令，并作出了有利于 Amazon. com 公司的判决。Barnesandnoble. com 公司向 CAFC 提出了上诉，2001 年 2 月 14 日，CAFC 根据上诉人对专利有效性尤其是针对显而易见性的根本质疑，认为临时禁止令缺乏必要的前提，因此撤销了临时禁止令，并将案件发回地区法院作进一步审理。[1]

（三）Priceline. com 的网上反向拍卖方法专利

Priceline. com 拥有的第 5794207 号专利是由 J. Walker 发明的，1998 年 8 月 11 日获得 USPTO 授权，其名称为"在加密的商业网络中便于买方出价的方法和设备"，[2] 其指向的是一种利用计算机处理一个卖主和至少一个买主之间的交易方法，广泛应用于网上预订机票、旅馆等商业服务中。该专利方法与通常交易方法的不同之处在于，该专利方法是由买方先出价，因此也被称为反向拍卖专利。通常交易方法是由卖方先出价，由于卖方需要对所有潜在消费者公开价格，因此卖方无法根据不同消费者的需求和时间等情况来采取一种更为柔性的价格政策；而该专利方法是由买方通过相对于第三方封闭的计算机系统主动出价，卖方认为可行后与买方达成交易。该专利方法

[1] 参见 CAFC 关于该案的裁决，http：//www. law. emory. edu/fedcircuit/feb2001/00－1109. wp. html.

[2] DAVID BENDER. Business method patents：the view from the United States［J］. European Intellectual Property Review，2001（8）：378.

不需要过多的讨价还价，大大节约了交易成本，更重要的是其通过计算机系统使经济理论上买卖双方利益的最大化得以具体实现。Priceline.com 将其专利用于机票销售上，获得了空前的成功。2002 年，美国网络零售股首季平均跌幅达 40%，Priceline.com 的股票反而逆向上涨高达 53%。❶ 1999 年 10 月，Priceline.com 以 Microsoft 的 "Hotel Price Matcher" 和 "Flight Price Matecher" 侵犯了其专利权为由提起诉讼，这场诉讼于 2001 年 1 月以双方签订许可使用协议而宣告结束。❷

（四）戴尔（Dell）公司拥有的顾客订购方法专利

该专利发明是一种顾客在线订购和装配计算机等产品的商业方法，其专利号为 US5894571。该专利权覆盖的内容主要有，顾客根据自己对计算机硬件或软件的配置要求，通过因特网填写和发送订单，设在厂商一端的计算机系统在接受顾客的订单后，根据顾客订单列明的要求产生相应的硬件、软件需求列表，并将此列表分别送至硬件、软件组装生产线，其后又通过识别、比较等程序确保生产出的计算机符合顾客的要求。这种自由互动且充满人情味的生产销售方法，不仅迎合了消费者的偏好，而且可以减少制造商的成本。事实上也正是如此，由于采用了这种销售方法，戴尔公司成为最大的网上电脑销售商，1999 年总收入达到 180 亿美元，获利近 15 亿美元，股票价格增长率显著高于其他公司。《华尔街邮报》认为戴尔公司创造了最佳业绩。值得反思的是，戴尔公司高科技成功的秘密与技术本身几乎无关。戴尔公司的个人电脑尽管质量很好，但大多数是由现成的元件组成的，价格也并不比其他公司更为便宜。关键在于戴尔公司采用了如前所述的销售方法，满足了消费者的喜好，为消费者带来了福音，为戴尔公司带来的利润创造下了最高纪录，而戴尔公司的生产成本、发明成本却创下了该行业的最低水平。围绕该销售方法，戴尔公司逐步

❶ 张澎．经济营运模式的产权化表达［J］．外国经济与管理，2002（6）：45.

❷ DAVID BENDER. Business method patents: the view from the United States［J］. European Intellectual Property Review, 2001（8）：378.

申请了近40项专利权，将极具竞争优势的资源牢牢把握在自己手中。在上述专利权的基础上，1999年春天，戴尔公司与IBM达成交叉许可，两家公司可以平等地享用对方主要领域的专利权。[1]

（五）微软拥有的鼓励电视观众关注商业广告的商业方法专利

该发明专利号为US6766524，专利权人为微软的MSN电视公司(即以前的WebTV)，该发明最早由发明人John R. Mathenyh和Danniel J. Zigmond于2000年5月8日向USPTO提出专利申请，于2004年7月20日得到授权，其目的在于使电视节目，尤其是商业性的电视节目，能够给观众回报，以鼓励电视观众真正关注商业广告。依据该专利，电视节目或商业广告结束后将根据观众的反馈，给予观众回报，回报的种类包括有机会参加抽奖或积分。该专利的实施例中包括："告知观众只要他们在看完商业广告后回答一些简单的问题，他们就有可能获得经常飞行线路的飞机里程。为核实观众确实关注了某个商业广告，这些问题可以依据广告本身的内容来设计。提问者可能会问，它的名称是什么，或者广告模特的衬衫颜色。如果回答正确，说明观众看了广告，他们就有资格获得回报。"该专利技术推出的系统可以通过因特网终端实现，或者通过在普通电视上安装提供网络入口的机顶盒来实现，而后者正是MSN电视公司所提供的服务。微软的这项商业方法专利可使电视节目与观众之间的互动更加深入，通过回报激励观众作出积极特别回应，一方面促使观众关注那些昂贵的广告信息从而使广告主受益；另一方面，有助于市场商人能够进一步了解节目关注人群的结构，发现并满足消费者的需求。[2]

---

[1] ［美］凯文·G. 里韦特，戴维·克兰．尘封的商业宝藏［M］．陈彬，杨时超，译．北京：中信出版社，2002：33.

[2] 李昭．微软获准商业方法专利，鼓励电视观众关注商业广告［EB/OL］．［2004-09-30］．http：//www. sipo. gov. cn/sipo/ywdt/gyzscxx/t2004081 7 _ 32546. htm.

第二节 商业方法专利保护的发展

一、美国——大力推进

State Street Bank & Trust Co. v. Signature Financial Group, Inc 案之后，大量与网络和电子商务有关的专利申请被提交到 USPTO，其中许多所谓的商业方法专利得到了授权。然而，商业方法毕竟是专利的新领域，不像其他领域的发明有系统的在先技术，专利审查员也缺乏这方面的审查经验，因此，许多得到授权的商业方法因其不过是现实中已经存在的商业方法在计算机和网络中的简单再现而招致了广泛的批评。

商业方法的专利客体地位首先是由 USPTO 在其审查实践和政策中确认的。如前所述，USPTO 于 1996 年 2 月 16 日正式发布的《与计算机有关的发明的审查指南》中指出，对商业方法专利应当像其他方法专利一样对待；随后，USPTO 从其专利审查程序手册中删除了商业方法除外原则。上述立场从 State Street Bank & Trust Co. v. Signature Financial Group, Inc 案开始得到了拥有最终审查权的司法部门的肯定。此后，美国各个方面，包括立法机关、USPTO、法院等，在保护商业方法专利方面都有所行动。主要体现在：

（一）商业方法的在先使用保护

商业方法的在先使用保护是 1999 年 12 月 29 日生效的《美国发明人保护法》（American Inventors Protection Act）创设的第一发明人以在先使用作为侵权抗辩的一种制度（the First Inventor Defense Act）。美国专利法第 273 条具体规定了这种抗辩的前提条件，如，这种抗辩只适用于商业方法（a Method of Doing and Conducting Business），被控侵权人必须在专利的有效申请日至少一年前已经对该方法付诸实施（Reduce to Practice），并在专利的有效申请日已经对该方法进行了商业上的使用（Commercially Used）。根据上述规定，商业方法的在先使用者可以对他人提出的专利侵权指控提出抗辩。这项规定主要是为了保护那些拥有秘密使用多年的商业方法，而又因故不能取得专利的企业的在先权利。[1]

通常情况下，发明人可以通过秘密使用或申请专利来保护其发明。不申请专利而以商业秘密的形式来保护其发明很可能面临如下风险：随后独立地作出同样发明的发明人将该发明申请了专利并指控其侵权。尤其是对于商业方法发明来说，由于最近才被承认其可专利性，必然有大量的商业方法发明被秘密使用而未被申请专利，且要求发明人对其所有的方法发明申请专利保护，从管理上和经济上来说也是不可行的。鉴于此，美国国会设立了第一发明人的在先使用制度。[2] 这实际上是先用权中的一种情形。先用权通常被认为是先申请制中的概念，与美国所实行的先发明制似乎是相冲突的，因为，一旦承认先用权，也就意味着获得专利的另一方不是最先的发明人。[3]

（二）商业方法专利行动计划（Business Method Patent Initiative）

为了提高对商业方法专利申请的审查能力，并进而改善授权商业方法专利的质量，USPTO 于 2000 年 3 月 29 日提出了一项商业方法专利行动计划。该行动计划包括以下内容：一是确定商业方法专利申请的审查部门和所属类目。商业方法专利申请被归入 705 类目，由技术中心 2160 负责审查和处理，而 705 类目的专利申请主要是与数据

---

❶ 王强．美国发明人保护法主要内容及发展［EB/OL］．http：//www. gdcourts. gov. cn/knowledge/abroad/t20021226 _ 1011. htm.
HOWARD M. EISENBERG. Recent changes in US patent law［EB/OL］．［2003－11－28］．http：//www. yale. edu/ocr/invent _ guidelines/docs/rece nt _ changes. pdf.

❷ MICHAEL P SANDONATO，JONATHAN BERSCHADSLY，KRISTIN BLEMASTER. Current development in business method patent law［EB/OL］．［2003－11－28］．http：//www. fitzpatrickcella. com/outside _ links/busmethod. pdf.

❸ 白先清．从专利法国际协调看美国专利制度的发展［J］．知识产权，2003（3）：56.

处理、金融、商务、管理或成本/价格确定有关的发明。❶二是采取措施改进商业方法专利审查和授予质量，包括加强技术培训、修改审查指南、扩大对在先技术的检索、进行二级审查（second-level review）、由商务专家和资深审查员对专利申请的审查进行监督等。❷

（三）商业方法专利白皮书

2000年7月19日，USPTO公布了商业方法专利白皮书（White Paper on Automated Financial or Management Data Processing Methods），该白皮书所指的商业方法是自动化金融或管理数据处理方法（简称为商业方法），该白皮书回顾了商业数据处理方法专利保护的历史和商业数据处理技术发生的变迁，以及USPTO为了赶上上述技术变迁所做的努力和对上述技术审查质量的提高。根据该白皮书，早期的金融设备和方法专利大部分是与纸有关的产品和方法。USPTO授予的第一个商业方法专利是一项关于“检测伪造票据”（Detecting Counterfeit Notes）的专利（其资料于1836年在一场大火中遗失），现存的有书面资料的商业方法专利是1835年授予的一种关于“防伪模式”（A Mode of Prevent Counterfeiting）的专利。白皮书指出，商业数据处理技术经历了从机械技术到今天由微处理机控制的软件技术的变化，自动化商业数据处理方法本身自产生到现在已有一百多年，而电子技术作为商业数据处理系统的组成部分的充分发展，是商业数据处理方法发展史上的分水岭；在电子技术充分发展的背景下，1998年的State Street Bank案唤起了专利是保护商业方法权利的可行方式的意识。❸

---

❶ JOHN J. LOVE，WYNN W. CONNINS. Successfully preparing and prosecuting a business method patent application［EB/OL］.［2003-11-28］. http://www.furutani.co.jp/office/ronbun/PreparingBMP.pdf.

❷ MICHAEL P SANDONATO，JONATHAN BERSCHADSLY，KRISTIN BLEMASTER. Current development in business method patent law［EB/OL］.［2003-11-28］. http://www.fitzpatrickcella.com/outside_links/busmethod.pdf.

❸ http://www.ssiplaw.com/publications/whitepaper.pdg.

（四）美国知识产权法协会的建议

2000年11月27日，美国知识产权法协会（the American Intellectual Property Law Association，下称AIPLA）正式通过题为《商业方法的专利化》的白皮书。在该白皮书里，AIPLA总结了支持和反对商业方法专利的主要观点，表明了他们对于商业方法专利的态度，即“那些有着确切的实用效果的商业方法，包括在互联网上或运用软件完成的商业方法，应该同其他技术一样，得到专利法的同样保护。”并提出了他们的建议：不应该对商业方法专利进行特殊的审查或法律解释；美国商业方法发明人不应该在实质上或程序上，因专利法的修改，而与国外竞争者相比处于劣势；USPTO应该收集非专利商业方法的在先技术，包括不涉及计算机使用的商业方法；USPTO应该继续雇佣更多的有商业背景的审查员，例如MBA，也应该继续改进新审查员的技巧并增强培训；国会应当恢复USPTO对专利申请者和专利权人的收费的完全使用；应该修改当前法律，设置早期复审并使第三方有权上诉至CAFC，规定在CAFC未二审之前，USPTO不能作出“禁止反言”的规定；应执行有关美国专利申请18个月后公布的新法律；在先发明人的抗辩应该被广泛解释，使得无论在什么技术领域或提出什么形式的权利要求都能将商业方法权利要求包括在内。❶

（五）未获通过的《商业方法专利促进法》

《商业方法专利促进法》（the Business Method Patent Improvement Act）是美国国会议员Rick Boucher和Howard Berman于2000年10月向国会提交的一个议案，但最终未获通过。该议案建议：公开所有的商业方法专利申请，允许公众参与专利审查程序，任何人都可向专利局提交在先技术以供专利审查员考虑，而在先技术不仅包括专利和出版物，还包括公开使用或销售的在先知识；对获专利的商业

❶ MICHAEL P SANDONATO, JONATHAN BERSCHADSLY, KRISTIN BLEMASTER. Current development in business method patent law [EB/OL]. [2003-11-28]. http: //www. fitzpatrickcella. com/outside _ links/busmethod. pdf.

方法建立授权后异议程序（post - grant opposition process），规定在授权后的一定期限内，任何人可以向专利局提交不可专利的证据，以非法定客体、缺乏新颖性和非显而易见性、未充分公开等广泛理由攻击授权专利；改变商业方法发明的非显而易见性标准的法律规定，任何商业方法，若其与在先技术的区别仅仅在于其是通过计算机实施的，该商业方法将不具有非显而易见性，即在先技术方法的单纯计算机自动化不应受到专利保护；商业方法专利申请人应当在申请书中向专利局公开所有相关的在先技术，对于没有按要求公开者，专利审查员可以给予适当的罚款。❶

（六）最新的两份研究报告的建议

在经历了积极促进商业方法专利保护的一段实践后，美国联邦贸易委员会于 2003 年推出的题为“促进创新：竞争与专利法律政策的适当平衡”报告中对软件和商业方法专利进行了反思。该报告认为，由于计算机软件和网络领域具有累积性创新、创新成本低、技术革新快、存在其他保护方式等特征，软件和商业方法的专利保护会影响竞争、阻碍创新。为此，该报告从两方面提出了 10 项建议：一方面，完善专利审批程序，提高专利质量，减少专利制度（特别是“问题专利”）对竞争和创新的阻塞，防止专利制度成为限制竞争的手段；另一方面，防止专利制度的滥用，将专利制度的应用限制在合理的范围内，避免专利保护的无限扩大而损害竞争。❷

另外一份于 2004 年公布的题为“21 世纪的专利制度”的研究报告是由美国国家研究理事会科学技术及经济政策委员会下的知识经济中的知识产权委员完成的，该报告针对美国专利制度目前存在的问题，从另一个角度评价了美国专利制度，并提出了一系列调整建议，其中包括重新强化非显而易见性标准（特别是在商业方法、基因序列

❶ STEVEN J. SHUMAKER，SHUMAKER & SIEFFERT，P. A. Business method patent improvement act：creating a different class patent［EB/OL］．［2003 - 11 - 28］. http：//www. ssiplaw. com/publications/biz%20method%20act. pdf.

❷ 杨红菊．从新的视角看专利［EB/OL］．［2004 - 10 - 9］．http：//www. cnipr. com/zsyd/xslw/other/t20040423 _ 28490. htm.

发明等新技术领域）、建立专利授权后的公开异议程序、加强USPTO建设等。[1]

综上可见，尽管美国积极推动并采取各种措施完善对商业方法的专利保护，但过多的问题专利也促使美国对其商业方法专利制度进行反思，并提出了对专利制度的合理限制和提高商业方法专利质量的具体建议。

二、欧洲——继续争论

根据《欧洲专利公约》第52条的规定，商业活动的方案、规则和方法本身不属于可获专利保护的发明。因此，为商业方法提供专利保护是违背欧洲专利制度原则的。许多欧洲观察员（European Observer）认为为商业方法提供专利保护将会导致一种可怕的景象。即使是那些支持软件专利者也强烈反对商业方法专利。[2] 经过几年的论战和实践后，尽管在理论上还存在争论和分歧，但在专利审查政策上欧洲专利局已改变了其立场。[3]

（一）两个关于商业方法专利的裁决

欧洲专利局上诉委员会处理的第一个关于商业方法专利的案例是1995年决定的Sohei案（T769/92）。在该案中，欧洲专利局上诉委员会建议，计算机实施的商业方法应像其他计算机实施的发明一样受到审查。[4]

---

[1] 朱瑾，李昭．美国国家科学院国家研究理事会公布《21世纪的专利制度》研究报告［EB/OL］．［2004-10-9］．http：//www. sipo. gov. cn/sipo/ywdt/gyzscqxx/t20040616_30105. htm.

[2] REINIER BAKELS，HUGENHOLTZ. The patentability of computer programs［EB/OL］．［2003-04-01］．http：//www. ivir. nl/publications/other/softwarepatent. pdf.

[3] 张平．美日欧在商业方法专利问题上的分歧［J］．知识产权，2003（7）：27.

[4] The Computer Law Association. The global challenge of the Business Method Patent［EB/OL］．［2003-11-29］．http：//www. cla. org/global%20challenge. pdf. MICHAL LIKHOVSKI. Fighting the Patent War［J］．European Intellectual property review，2001（6）：269. T769/92 Sohei O. J. EPO 1995，525.

其后的一个更为重要的关于商业方法专利的案例是欧洲专利局上诉委员会于 2000 年 9 月 8 日针对一项为“改进的养老金收益系统”的专利申请作出的裁决，即 Pension Benefit 案（T931/95）。在该案中，欧洲专利局上诉委员会维持了原驳回决定，进一步阐明了在 Sohei 案中表达的观点，其指出，如果方法是技术的，或者说具有技术效果，虽然它仍是一种商业方法，但却不是商业方法本身；商业方法本身不可专利，但含有商业方法的装置可获专利。[1] 该案对《欧洲专利公约》第 52 条之（2）和（3）中关于商业方法除外的规定作了进一步解释，使具有技术性质的商业方法可受专利保护，也表明了欧洲专利局（以下简称 EPO）开始向 USPTO 的实践靠近。这在欧洲引起了强烈反响，其意义不亚于美国的 State Street Bank 案。[2]

（二）商业方法专利申请的审查

2000 年 5 月 19 日，EPO 在提交给三局（the trilateral offices）[3] 的一份报告中，向 USPTO 和 JPO 解释了其为使商业方法在欧洲可受专利保护而围绕《欧洲专利公约》进行工作所取得的进程。该报告的附录 6 阐明了 EPO 对商业方法发明专利申请进行审查的态度。该文件成为后来欧洲委员会于 2002 年 2 月 20 日发布《以计算机实施的发明的可专利性指令草案》的基础。[4]该文件将专利申请中涉及的商业方法分为三类，并提出了相应的审查原则。

（1）抽象的商业方法。此类申请中没有指明任何用于执行商业方法的装置。对此类专利申请，应当驳回，因为其属于做生意的方法本

[1] The Computer Law Association. The global challenge of the business method patent [EB/OL]. [2003-11-29]. http://www.cla.org/global%20challenge.pdf. 田芙蓉. 计算机软件的可专利性研究 [D]. 北京：中国社会科学院研究生院，2001：26.

[2] 张平. 论商业方法的可专利性 [J]. 网络法律评论，2002（2）：145.

[3] 1983 年以来，日本特许厅（JPO）、美国专利商标局（USPTO）和欧洲专利局（EPO）每年均举行会谈，商讨共同关心的问题，http://www.sipo.gov.cn/sipo/zcll/dtqs/gwdt/200110110008.htm.

[4] Examination of business-related inventions [EB/OL]. [2004-07-27]. http://www.jpo.go.jp/tetuzuki_e/t_tokkyo_e/treatment.htm.

身，是被《欧洲专利公约》第52条之（2）和（3）明文排除在专利保护之外的。

（2）以计算机实施的商业方法。此类申请中指明商业方法的至少某些步骤是由计算机、计算机网络或其他传统的程序、数字装置来执行。绝大部分待审专利申请落入了第二类中。有一些申请最初属于第一类，但通过指明执行部分步骤的计算机手段，申请人几乎都可能将其申请修改为第二类申请。第二类申请应当以对以计算机实施的其他发明审查的相同方式来进行审查。

（3）以其他装置实施的商业方法。此类申请所指向的商业方法是由计算机以外的装置来执行的，如移动电话。第三类申请不多，但不是绝对没有。第三类申请也应当以对以计算机实施的其他发明审查的方式来进行审查。

（三）审查指南的修改

在经过欧洲各国长期辩论之后，EPO于2001年11月2日公布了修改后的审查指南，确认了EPO近年来在计算机软件和商业方法上的扩大保护政策。根据新的审查指南，计算机程序作为计算机实施的发明的一种，当其（如运行在计算机上）能够产生进一步的技术效果，即因具有技术性质而可受到专利保护；商业方法不受专利保护，但当专利申请指向的是执行商业方法中的某些步骤的计算机、计算机网络或程序，就应当按照计算机实施的发明从整体上对其进行专利审查。这就是说，软件和商业方法在一定条件下可以成为专利保护的客体。[1]该审查指南针对计算机程序的审查指出，在审查以计算机实施的发明的实践中，对于审查员来说，在没有考虑技术性的问题之前，先直接审查新颖性和创造性的问题，可能更为适当。这说明提交给EPO的以计算机实施的发明专利申请具有推定的技术性质，这表明了在计算机实施的发明的专利保护上，EPO开始向USPTO的实践靠近。[2]

---

[1] http：//www.european-patent-office.org/news/info/2001_10_05_e.htm.

[2] 朱理．欧洲专利局对商业方法专利的态度［J］．网络法律评论，2002（2）：169.

（四）以计算机实施的发明的可专利性指令

2002 年 2 月 20 日，欧洲委员会发布了《以计算机实施的发明的可专利性指令草案》（Proposal for a Directive on the Patentability of Computer - Implemented Inventions），旨在协调有关软件应用发明的欧盟各成员国专利法。[1] 2003 年 9 月 24 日，欧洲议会通过了修改后的《以计算机实施的发明的可专利性指令》，根据该指令，以计算机实施的发明在一定条件下具有可专利性，但软件程序本身以及单纯的商业方法仍然不能受到专利保护。该指令明确表示不认同美国的做法。例如，美国 Amazon. com 网站的一次点击网上购物技术虽已获得美国专利权，但不能获得欧盟的专利保护。欧洲议会在该指令中表示，以计算机实施的发明要跻身于专利行列首先必须具有工业实用性和创造性，而技术贡献是具有创造性的必要条件，技术贡献是指对技术领域现有技术的贡献，所以不能仅凭计算机软件发明包含了计算机技术的使用就认定它作出了技术贡献，即不能将专利授予简单的计算机程序。[2]而对于以计算机实施的商业方法发明来说，如果其仅在非技术方面具有创造性，而技术方面不具有创造性，也不能受到专利保护。技术贡献的要求表明了欧洲议会对于以计算机实施的发明的专利保护的严格态度，尽管该指令尚没有生效，但也表明了欧洲议会的倾向。

欧洲专利审查实践和审查指南的修改表明，EPO 在以计算机实施的发明的专利保护上的态度趋向开放；但欧洲议会却提出了更加严格的要求。这说明欧洲对于以计算机实施的发明的专利保护的态度还不能肯定，有待于进一步观察。

---

[1] http：//europa. eu. int/comm/internal _ market/en/indprop/comp/com02 - 92en. pdf.

[2] 朱瑾．首个泛欧软件专利标准出台［EB/OL］．［2004 - 09 - 30］．http：//www. hzip. gov. cn/newnews. asp？knum＝226.

Europarl 2003 - 09 - 24：Amended Software Patent Directive［EB/OL］．［2004 - 10 - 22］．http：//swpat. ffii. org/ papers/europarl0309/ index. en. html.

三、日本——积极行动

日本对于商业方法专利保护的态度和行动一直非常积极，日本特许厅（Japan Patent Office，以下简称 JPO）不断调整其有关政策，通过充分维护日本商业方法专利申请人的利益，以达到在未来全球电子商务领域中占据有利地位的目的。

（一）与商业有关的发明的审查

在美国确立了商业方法的专利客体地位之后不久，为适应计算机和网络中的与商业方法有关的发明迅速增多的情况，日本特许厅审查标准办公室协调处于 1999 年 12 月发布了《与商业有关的发明的审查》。该规定将使用普通计算机或网络的商业新方法的相关发明简称为“与商业有关的发明”，并指出大多数与商业有关的发明可以被认为是某种形式的与软件有关的发明。因此，对与商业有关的发明的专利申请，可以按照 JPO 制定的《特定领域的审查指南》第一章将其作为计算机软件相关发明来进行审查。❶

（二）商业方法专利政策

为了向产业界和专利申请人提供更为准确的商业方法专利信息，2000 年 11 月，JPO 明确地表达和公布了有关商业方法专利的综合政策。❷ 该政策的主要内容有：（1）修改与计算机软件有关的发明的审查指南，阐明与商业有关的方法发明的专利要件，同时在网站上公布经常被询问的问题（FAQ），以有助于对审查指南的理解；（2）扩大和改善关于计算机软件（包括与商业有关的领域）的在先技术信息数据库，要求产业界（包括金融和保险组织）提供更多的与商业有关的非专利材料和信息，以协助未来对上述发明的新颖性和创造性进行审查，并与 USPTO 和 EPO 建立三边合作关系，促进与商业方法有关

❶ Coordination Division Examination Standards Office. Examination of business-related inventions [EB/OL]. (1999-12) [2004-07-27]. http://www.jpo.go.jp/tetuzuki_e/t_tokkyo_e/treatment.htm.

❷ Policies concerning Business Method Patents [EB/OL]. [2004-07-27]. http://www.jpo.go.jp/tetuzuki_e/t_tokkyo_e/tt1211-055.htm.

的领域的在先技术信息和专利审查的交流；（3）建立和使用对国际专利分类进行细分的专利分类体系，对商业方法发明作更细致的区分，以改善在先技术检索，为专利申请人创造一个更容易对其申请的新颖性进行检查的环境；（4）外聘专家作为顾问，听取有关专门产业领域的技术知识建议，加强对审查员和上诉审查员的培训，以提高JPO对商业方法专利申请的审查能力；（5）通过网站和解释性会议传播商业方法专利的有关信息，解释其与该领域有关的综合性的政策。

（三）与计算机软件有关的发明的审查指南的修改

2000年12月28日，JPO公布了修改后的《专利和实用新型审查指南》，该审查指南第七部分是关于特定领域发明的审查指南，其中第二章是与计算机软件有关的发明。[1] 其修改要点是：（1）除了存有计算机程序的存贮介质属于指南规定的可专利客体外，没有存贮在任何介质上的计算机程序也被作为产品发明对待；（2）充实了与商业有关的发明的创造性判断的案例以使那些不是很熟悉专利制度的人能够清楚地理解该审查指南的内容，并阐明了对创造性进行审查的方法；（3）以软件来进行信息处理是通过硬件资源来具体实现，则上述软件可以被定义为专利法中所述的“法定发明”。[2]

（四）JPO的其他具体政策

在修改专利审查指南之后，JPO还针对商业方法专利制定了更全面更具操作性的政策，以为公众和申请人提供更为具体实用的指导。JPO在审查四部增设电子商务审查室，专门审查在商业方法软件比较集中的IPC分类G06F17/60的专利申请。JPO于2001年4月1日还发布了一份名为“商业方法发明不具有专利性的范例”的文件，非常详尽地给出了不构成专利法下发明的情况，为判断发明的创

---

❶ Examination guidelines for patent and utility model in Japan［EB/OL］.［2004-11-02］. http：//www.jpo.go.jp/tetuzuki_e/.

❷ TORU TAKANO. Research and study on the trend of new areas (business methods)-related inventions［J］. Institute of Intellectual Property Bulletin，2001（10）：32.

造性提供了指导性意见。[1]

（五）《发明专利法》的修改

2002年4月17日，日本国会公布了修改后的《发明专利法》，加强了对软件专利的保护。根据修改后的《发明专利法》，将计算机程序储存在诸如CD-ROM或软盘之类的物理媒介上不再成为确保计算机程序可以授予专利权的必要条件，写有计算机程序的软件将被当作是有形的东西，并因此而被作为可授予专利的事物对待。也就是说，未储存在储如CD-ROM之类的媒介上的计算机程序（如在网络上的无形的计算机程序）将受到法律保护，未经授权从网上下载受到专利保护的软件被明确禁止。[2] 修改后的《发明专利法》第二条第三款中增加了有关"程序"的定义：本法中的"程序等"是指程序（是针对电子计算机的指令，能获得一项结果的组合）等供电子计算机处理使用的信息，相当于程序的物品。第二条第三款第一项关于"实施"的定义被修改为：在物（包括程序等）的发明中，是指生产、使用、转让等（指转让及出租，当物品为程序时，包括通过电子通讯线路进行提供）行为，或进口、许诺转让（包括为了转让而进行的展览）该物品的行为。[3] 可见，日本国会通过对"程序"、"实施"定义的修改，将计算机程序纳入到物的发明中去，将通过网络传输提供计算机程序的行为纳入专利实施行为中，为打击网络上的计算机程序侵权提供了有力的法律依据。《发明专利法》的修改增强了对软件的专利保护，将会导致电子商务市场规模的扩大和商业方法专利数量的增多。[4]

---

[1] 张平．论商业方法软件专利保护的创造性标准［J］．知识产权，2003（1）：27.

[2] 日本专利法的修改及其对软件专利的影响［EB/OL］．［2003-11-20］．http：//www.sipo.gov.cn/sipo/ywdt/gyzscqxx/t20020929_8761.htm.

[3] 钱孟姗．日本《发明专利法》、《商标法》修改了什么［EB/OL］．［2003-11-20］．http：//www.sipo.gov.cn/sipo/zscqb/zhuanban/t20020607_5914.htm.

[4] 日本专利法的修改及其对软件专利的影响［EB/OL］．［2003-11-20］．http：//www.sipo.gov.cn/sipo/ywdt/gyzscqxx/t20020929_8761.htm.

四、概括比较

对以上美、日、欧商业方法专利法律制度和政策进行分析，可以得出如下结论。

在美国，商业方法除外原则已被彻底否定，商业方法作为专利客体的法律地位已得到美国法院的确认，而且美国法院商业方法专利第一案 State Street Bank 案还宣告专利审查的重点从技术性转向了实用性。USPTO 则通过不断改进工作和修订有关政策积极推进商业方法的专利保护。总之，在商业方法专利保护方面，美国的态度最为开放和积极，主导着世界发展趋势。

在欧洲，对于以计算机实施的发明（包括以计算机程序实施的商业方法发明）的专利保护问题，一直存有争议，在美国法院对 State Street Bank 案作出裁决之后，争论更为激烈。欧洲专利局和欧洲议会也对此加强了研究。所有这些都为 EPO 出台有关政策和欧洲议会等机构进行立法活动提供了参考意见。总的说来，欧洲在商业方法的专利保护上是比较谨慎的。

与欧洲不同，日本的反应是出台了许多与商业方法发明专利审查有关的政策，并对有关法律和审查指南进行了修改，这反映了日本在商业方法专利保护上的积极跟进态度。

第三节　主要国家商业方法可专利性要求的初步比较

前一部分对商业方法专利保护在主要国家的发展和主要国家围绕商业方法专利保护所采取的措施进行了论述，本部分将对主要国家关于商业方法可专利性要求进行横向比较。

一、美国——实用的、具体的和明确的结果

（一）美国法院对商业方法发明可专利性的要求

如前所述，美国 CAFC 在商业方法专利第一案即 State Street

Bank & Trust Co. v. Signature Financial Group，Inc 案中明确宣布，应当将判断可专利性的标准定位于专利客体的本质特征，即实用效果——实用、具体和明确的结果。在后来的 AT&T 案中，CAFC 再次确认了实用性（Practical Utility）法则，即，如果该权利要求所指向的方法从事了实际的应用并且产生了实用的结果，则是可专利的。以上两个判例宣告了美国专利审查的重点从技术性（Useful Arts）转向了实用性（Practical Utility）。[1] 根据美国专利法第 101 条关于专利客体的规定，"凡发明或发现任何新颖（New）而实用（Useful）的方法、机器、产品、物质合成，或其任何新颖而实用之改进者，都可按本法所规定的条件和要求获得专利。"美国专利法对专利客体并没有技术性的规定。美国以往对专利申请的审查所遵循的技术性（Useful Arts）要求是美国法院所作的解释。因此，尽管专利保护的标准从"技术性"发展到"实用性"，但并没有改变美国专利法对专利保护客体的规定，只是对法律的解释不同。

应该说，美国 CAFC 以"实用的、具体的和明确的结果"作为判断商业方法是否可受专利保护的标准，确实是抓住了商业方法本身的价值所在，即其能够解决商业交易中存在的问题进而提高商业交易的效率或尽可能地满足买卖双方的需要，因此也受到商业交易参与者的欢迎，这就说明商业方法有很强的实用性。但在强调实用性的同时，我们也要看到美国对商业方法专利的其他要求，即具体的和明确的。之所以要求具体，是为了将不可专利的抽象思想从可专利的商业方法中排除出来，从而防止专利垄断权覆盖的范围过大；之所以要求明确，是为了保证商业方法的确定性和可重复性，从而使之具有成为财产权客体的前提。

（二）USPTO 对商业方法可专利性的政策

美国法院首先确认的商业方法专利是通过计算机实施的，该商业方法专利本质上属于与计算机有关的发明。而美国法院在该案中采用的可专利性判断标准——实用性并没有超越 USPTO 于 1996 年 2 月

[1] 张平．论商业方法的可专利性［J］．网络法律评论，2002（2）：145.

公布的《与计算机有关的发明的审查指南》的要求。该审查指南总结了美国在与计算机有关的发明的专利的行政司法管理方面的经验，明确了USPTO对与计算机有关的发明的可专利性政策。

1. 商业方法专利申请应当像其他方法专利申请一样对待

该审查指南在其介绍中首先声明：审查人员很难适当处理商业方法专利申请。不应当在专利申请中划分出商业方法类，相反，商业方法专利申请应当像其他方法专利申请一样对待。当商业方法与计算机有关时，应当按照审查指南的规定处理。[1]由于实践中绝大部分商业方法专利申请都是与计算机有关的，因此，与计算机有关的发明的可专利性要求在大多数情况下就成为商业方法发明的可专利性的判断标准。

2. 商业方法可专利的初步要求——实用性

该审查指南对与计算机有关的发明的可受专利保护的初步要求是：寻求专利保护的客体必须是实用的（Useful）方法、机器、制造物或物质合成，即它必须有实际应用（Practical Application）。该要求的目的是为了将对发明的专利保护水平限制在“现实世界”价值的一个特定水平上。而不是要保护仅仅代表思想、概念或未来调查研究的一个简单的起点的客体。一项发明的效用（Utility）必须限定在工业技术（Technological Arts）[2] 领域之内。与计算机有关的发明的实际应用才属于专利的法定客体。限定在工业技术领域之内的这项要求可以用来区分应被专利排除的各种抽象思想、自然规律和自然现象。在工业技术领域有实际应用的发明能够满足效用这一要求。[3]

该审查指南把申请专利的客体分为非法定客体（Non - Statutory Subject Matter）和法定客体（Statutory Subject Matter）。法定客体

---

[1] United States Department of Commerce, Patent and Trademark Office. Examination Guidelines for Computer - Related Inventions [EB/OL]. (1996) [2004 -11 - 06]. http://www.uspto.gov/web/offices/com/sol/og/con/files/cons093.htm.

[2] 此处的工业技术是指，将科学与工程应用到机器和程序的发展上，以便增进或改善人类的条件，或至少在某些方面改善人类的效率。资料来源同上。

[3] 同上，II. Determine What Applicant Has Invented and Is Seeking to Patent，A.

被又分为法定的产品专利申请（Statutory Product Claims）和法定的方法专利申请（Statutory Process Claims）。[1]

对于产品专利申请，该审查指南认为，如果专利申请通过指明硬件或硬件与软件的结合而成的机器或产品的物理结构定义一项实用的机器或产品，则该申请指向的是专利法意义上的产品。[2]

对于方法专利申请，该审查指南指出，并不是所有的方法都属于专利法第101条意义上的法定方法，要想成为法定客体，一项申请专利的与计算机有关的方法必须符合下列条件之一：一是导致计算机外部的物理转换，而该转换作为在工业技术领域中的实际应用必须在申请说明书中公开，或已经为了解该项技术的人士所熟知；二是在权利要求中明文将所主张权利的方法限定在工业技术领域中的一种实际应用方面。根据审查指南的规定，导致计算机外部的物理转换有两种情况：一是独立的物理动作（后计算机的方法动作，即在可程序控制的计算机执行的步骤之后的独立的物理动作，这些物理动作是对有形的物理客体进行的操作且导致客体产生了不同的物理属性和结构）；二是对代表物理客体或行为的数据的处理（前计算机的方法动作，即对物理客体或行为进行测量并将其从计算机外部转化为计算机内部的数据，而这些数据包括与计算机外部的物理客体和行为相对应的信号，该方法能够引起代表有形客体和行为的无形信号的具体转变）。如果不存在上述物理转换，就必须声明方法的实际应用。[3] 这说明，在美国与计算机有关的商业方法要想得到专利保护必须有实际应用，而物

---

[1] United States Department of Commerce, Patent and Trademark Office. Examination Guidelines for Computer - Related Inventions ［EB/OL］.（1996）［2004 -11 -06］. http：//www. uspto. gov/web/offices/com/sol/og/con/files/cons093. htm. IV. Determine Whether the Claimed Invention Complies with 35 U. S. C. 101. B.

[2] 同上，IV. Determine Whether the Claimed Invention Complies with 35 U. S. C. 101. B. 2.（a）.

[3] United States Department of Commerce, Patent and Trademark Office. Examination Guidelines for Computer - Related Inventions ［EB/OL］.（1996）［2004 -11 -06］. http：//www. uspto. gov/web/offices/com/sol/og/con/files/cons093. htm. IV. Determine Whether the Claimed Invention Complies with 35 U. S. C. 101. B. 2.（b）.

理转换一般来说是有实际应用的具体表现。

3. 不受专利保护的与计算机有关的客体

不受专利保护的与计算机有关的客体，即所谓的非法定客体(Non-Statutory Subject Matter)，在该审查指南中是指描述材料(descriptive material)。描述材料是指任何信息的描述或表达。该审查指南指出，描述材料一般与其他不受专利保护的客体（如自然现象、抽象思维、自然规则）一样不符合法定可专利性。描述材料又分为功能性（functional）和非功能性两类。功能性描述材料包括编码于计算机可读介质上具有一定功能的计算机程序和数据结构，非功能性描述材料包括但又不限于音乐、文字作品或者数据的整理或编辑。

该审查指南指出，当发明申请是描述材料本身时，上述两种描述材料都是非法定保护客体，因为它们既不是物理意义上的“物”，又不是法定的方法。但是当记录在计算机可读介质上的功能性描述材料同该介质之间建立了结构性和功能性的内在联系，使其功能性能够实现，则它们将被认为是属于专利法的法定保护客体。而此处的功能实际上就是一种实际应用。❶

该审查指南还规定了法律不保护的方法申请。根据该审查指南，如果一种申请保护的方法所做的“动作”仅仅是对数字、抽象概念或思想或者任何表示前述的信号进行操作，这些“动作”并没有被应用到适当的客体上。因而，一种单纯由数学操作组成的方法，例如，将一组数字转换为另一组数字，由于没有对适当的客体进行操作，从而不能受到专利保护。该审查指南进一步指出了实际应用在判断此类方法申请能否受到专利保护时的作用。在实践中，以下属于非法定客体：一是仅仅包括数学操作（如执行数学算法）而没有所申请的实际应用；二是仅仅对抽象思想（如一个祝愿或幻想的计划）进行操作而没有所申请的实际应用。上述所申请的仅仅包括数学操作的方法无论

❶ United States Department of Commerce, Patent and Trademark Office. Examination Guidelines for Computer-Related Inventions [EB/OL]. (1996) [2004-11-06]. http://www.uspto.gov/web/offices/com/sol/og/con/files/cons093.htm. IV. Determine Whether the Claimed Invention Complies with 35 U.S.C. 101. B. 1.

是否在计算机上执行，都不能予以保护。[1] 这也就是说，方法申请必须具有实际应用才能受到专利保护。

二、欧洲——进一步的技术效果和技术贡献

（一）欧洲专利审查实践对商业方法专利提出的要求

与美国不同，根据《欧洲专利公约》和欧洲专利局上诉委员会决定，任何可专利的发明都必须具有技术性（Technical Character），商业方法发明要想受到专利保护还必须具有进一步的技术效果（Further Technical Effects）和技术贡献（Technical Contribution）。对商业方法专利的要求是欧洲专利局上诉委员会在近几年的专利审查实践中提出的。

进一步的技术效果是欧洲专利局上诉委员会于1999年在对两个IBM欧洲专利的裁决（T935/97 和 T1173/97）中提出的要求。上诉委员会认为，一个计算机程序本身，如果运行或加载于计算机上，在程序（软件）和计算机（硬件）之间的“常规”的物理作用之外产生或可能产生一个技术效果，则该程序不被排除在可专利客体之外。[2] 考虑到《欧洲专利公约》明文规定计算机程序本身不可专利，上诉委员会通过这样的解释赋予了“本身”以另一种含义，即如果计算机程序在计算机上的运行能够产生计算机运行功能之外的进一步的技术效果，则其就不是计算机程序本身，因此，也就是可专利的。每一个计算机程序本身运行于计算机上时，都能够产生计算机处理器电路的电流这样的技术效果。由于《欧洲专利公约》将计算机程序本身排除在专利客体之外，上述技术效果本身对于获得专利来说显然是不充分

---

[1] United States Department of Commerce, Patent and Trademark Office. Examination Guidelines for Computer - Related Inventions [EB/OL]. (1996) [2004 -11 - 06]. http://www.uspto.gov/web/offices/com/sol/og/con/files/cons093. htm. IV. Determine Whether the Claimed Invention Complies with 35 U. S. C. 101. B. 2. (c).

[2] REINIER BAKELS, HUGENHOLTZ. The patentability of computer programs [EB/OL]. [2003 - 04 - 01]. http://www.ivir.nl/publications/other/softwarepatent. pdf.

的。因此，被要求有进一步的技术效果。所谓进一步的技术效果，如计算机程序对一传统机器的控制属于进一步的技术效果。而对于上述两个裁决所涉及的专利申请中，上诉委员会认为都存在“进一步的技术效果”，分别是解决了屏幕上一个窗口被另一个窗口遮挡的问题和允许程序连续运行。因此，上诉委员会推翻了 EPO 的驳回决定。[1]上述裁决表明，计算机程序产品是可以获得专利的。上诉委员会在裁决中还指出，被申请专利的计算机程序是本身（By Itself）还是记录在载体上（a Record on a Carrier）并不重要。而此处的计算机程序本身（By Itself）与《欧洲专利公约》中的计算机程序本身（As Such）是不同的。前者与计算机程序的包装和分销有关，而后者是与计算机程序的功能有关。可见，《欧洲专利公约》将功能性认为是可专利性的一个相关因素。上诉委员会认为，授予由适当的可程序化的计算机控制的技术方法以专利，而不授予执行控制的计算机本身以专利是不符合逻辑的。计算机程序产品可以获得专利对于实践的重要性在于，上述程序产品的未经授权的销售将会构成直接专利侵权。否则，这样的销售至多构成间接侵权（或替代侵权），而间接侵权（或替代侵权）的构成要求有故意或过失，是比较难以证明的。[2]

技术贡献是欧洲专利局上诉委员会于 2000 年 9 月在 Pension Benefit 案（T931/95）中对商业方法专利提出的要求。在该案中，上诉委员会维持了原驳回决定，再一次声明，如果方法是技术的，或者说具有技术效果，虽然它仍是一种商业方法，但却不是商业方法本身；商业方法本身不可专利，但含有商业方法的装置可获专利。[3]上

[1] 田芙蓉．计算机软件的可专利性研究［D］．北京：中国社会科学院研究生院，2001：25.

[2] REINIER BAKELS，HUGENHOLTZ. The patentability of computer programs［EB/OL］．［2003-04-01］．http：//www. ivir. nl/publications/other/software-patent. pdf.

[3] The computer law association. the global challenge of the business method patent［EB/OL］．［2003-11-29］．http：//www. cla. org/global%20challenge. pdf. 田芙蓉．计算机软件的可专利性研究［D］．北京：中国社会科学院研究生院，2001：26.

诉委员会同时指出，发明所设想的改进本质上是经济领域的改进，这不能被认为是具有创造性。也就是说，只有当发明的改进是对技术领域的改进，才能具有创造性，才可以受到专利保护。在该案中，专利申请可否专利的决定性因素是技术贡献而不是技术性。[1]

为了与对商业方法专利审查的实践保持一致，EPO 于 2001 年对该局审查指南中关于商业方法和与计算机有关发明的可专利性部分进行了修改。修改后的审查指南明确规定了可以获得专利的商业方法和不能获得专利的商业方法，学习语言的方法、猜解纵横字谜的方法和组织商业经营的方法等是不能够获得专利的；但如果权利要求指向的客体指明了执行方法中的某些步骤的装置或技术处理，则应当从整体上对该方法、装置和技术处理进行审查，如果权利要求指明了执行方法中的某些步骤的计算机、计算机网络或其他习惯上能够可程序的装置或其中的程序，则应当将该权利要求作为计算机实施的发明进行审查。对于被《欧洲专利公约》明文排除在专利客体以外的计算机程序，审查指南则规定，如果计算机程序具有超出常规物理效果之外的进一步的技术效果，无论是本身（By Itself）还是记录在载体上，均不能被排除具有专利性。对于进一步的技术效果，审查指南列举了其可能存在的情形：对工业过程的控制、对代表物理实体的数据的处理、计算机自身的内部运行或在程序影响下的界面（Interface）。上述进一步的技术效果能够影响方法的效率或安全、被要求的计算机资源的管理或传播链接中数据转换的比率。[2]

（二）欧洲议会指令对商业方法专利的规范

尽管《欧洲专利公约》明文规定将计算机程序本身排除在专利客体之外，但一方面后来信息技术的发展超过了《欧洲专利公约》起草时所设想的情况，EPO 适应形势对计算机程序本身作出了另外的解

---

[1] REINIER BAKELS，HUGENHOLTZ. The patentability of computer programs [EB/OL]．[2003－04－01]．http：//www. ivir. nl/publications/other/softwarepatent. pdf.

[2] Ahttp：//www. European － patent － office. org/news/pressrel/2001 _ 10 _ 05 _ e. htm.

释；另一方面，自《欧洲专利公约》于1978年实施以来仍然有超过3万件的与软件有关的专利通过了专利审查，其中绝大部分与数据识别和处理、信息处理和表达有关，还有部分专利就是计算机程序本身，或者记录于光盘上，甚至是作为在互联网上传输的信号。为了协调各成员国立法以消除法律的不稳定性，欧洲委员会（European Commission）于2002年2月20日发布了《以计算机实施的发明的可专利性指令草案》。❶ 该指令草案对以计算机实施的发明作了定义，以计算机实施的发明是指这样一种发明，其实施包括计算机、计算机网络或其他可程序化的装置的使用，并具有一个或更多的初步新颖性特征，且该初步新颖性特征部分或全部是通过一项计算机程序或多项计算机程序实现的。该指令草案要求各成员国确保一项以计算机实施的发明，如果是适于工业应用的、新的和具有创造性，则其就是可专利的，而具有技术贡献是具有创造性的条件，并对技术贡献进行了定义。根据该指令草案，一项以计算机实施的发明可以作为产品申请专利，也就是作为可程序化的计算机、计算机网络或其他设备；或者作为方法申请专利，该方法是以执行软件的上述计算机、计算机网络或装置来完成的。这也就是说，计算机程序本身，如存储在光盘上，甚或作为传输于网络上的信号，是不能申请专利的。该指令草案之所以作出如上规定，主要原因在于，如果允许上述专利申请，则包含上述权利要求的专利可能会阻止“反向工程”和其他已受版权保护的被认为是合法的与软件有关的活动；而且，这样的权利要求与《欧洲专利公约》也是相悖的。❷

2003年秋，欧洲委员会将上述指令草案提交欧洲议会（European Parliament）审议。2003年9月24日，欧洲议会以364票赞成、153票

---

❶ Proposal for a directive of the European Parliament and the Council on the patentability of computer - implemented inventions [EB/OL]. [2004 - 10 - 22]. http://europa. eu. int/comm/internal _ market/en/indprop/comp/com02 - 92en. pdf.

❷ Proposal for a directive on the patentability of computer - implemented inventions - frequently asked questions [EB/OL]. [2004 - 10 - 22]. http://europa. eu. int/comm/internal _ market/en/indprop/comp/02 - 32. htm.

反对、33票弃权通过了《以计算机实施的发明的可专利性指令》，该指令对以计算机实施的商业方法专利进行了规范。

该指令将“以计算机实施的发明”定义为：以计算机实施的发明是指，任何在《欧洲专利公约》意义下的发明，其实施涉及计算机、计算机网络或其他可程序设置的运用，且在其实施中除具有任何发明均须具备的技术特征外，尚具有一个或更多非技术特征，而这些非技术特征是部分或全部通过一项或多项计算机程序实现的。[1] 这与指令草案的定义有些不同。

该指令指出了专利的四要件，[2] 即具有技术性、新的、适于工业应用、具有创造性。显然，具有技术性是可专利的第一道门槛，而后三者则是所谓的专利实质条件。该指令进一步指出，为了具有创造性，必须具有技术贡献（Technical Contribution），技术贡献是具有创造性的必要条件。对于技术贡献，该指令继承了指令草案提出的定义，技术贡献又称发明，是指对技术领域（Technical Field）现有技术（the State of the Art）的贡献。相对于指令草案，该指令进一步对技术领域进行了定义，技术领域是指要求运用可控制之自然力以实现预期结果的工业应用领域。运用自然之力控制的物理效果（除信息的数字表达外）属于技术领域。信息的处理、控制和表现不属于技术领域，即使为上述目的使用了技术设置。[3] 这说明欧洲议会将技术贡献作为评价创造性的条件。

关于技术范围，该指令指出，数据处理不属于专利法意义上的技术领域，在数据处理领域的创新不被认为是专利法意义上的发明。[4]

该指令还规定了以计算机实施的发明的可专利性除外情形：(1) 一项以计算机实施的发明不应仅因其运用了计算机、网络或其他可程序化装置就被认为具有了技术贡献。因此，那些通过计算机实施

---

[1] Europarl 2003－09－24：Amended Software Patent Directive［EB/OL］．［2004－10－22］http：//swpat. ffii. org/papers/europarl0309/index. en. html.

[2] 同上，Article 2b.

[3] 同上，Article 2b、2ba、4. 1.

[4] 同上，Article 3.

商业、数学或其他方法的发明，如果在一项程序与该程序运行于其中的计算机、网络或其他可程序化装置之间的正常的物理作用之外没有产生任何技术效果，则该以计算机实施的发明是不可专利的。(2) 对以计算机实施的解决技术问题的方案，不能仅仅因为是提高了在数据处理系统中使用手段的效率，而被认为是可受专利保护的发明。[1] 可见，欧洲议会对以计算机实施的商业方法发明的可专利的第一道要求是进一步的技术效果。

该指令进一步规定，一项以计算机实施的发明只可能作为产品申请专利，即作为受程序控制的装置申请专利，或作为技术制造方法来申请专利，单独以计算机程序本身或记录计算机程序的载体作为客体申请专利，都不应当被允许。该指令还对专利权的限制作出了如下规定，信息的生产、管理、处理和传播、公开，无论以任何形式，都不会构成对专利的直接或间接侵权，即使是将一技术设备用于上述目的时也是如此；为不属于专利范围内的目的而对计算机程序的使用，不构成直接或间接的专利侵权。[2]

根据上述规定，计算机程序作为数据处理过程，不属于专利法意义上的技术领域，其本身或其载体都不能作为专利客体；计算机程序要想受到专利保护，只有将受其控制的装置或技术制造方法作为客体申请专利进而间接地保护计算机程序。也就是说，运行于计算机之上的程序只有在其与计算机之间的常规物理技术效果之外仍然具有技术效果才能间接地受到专利保护。

总的说来，指令在基本保留指令草案关于以计算机实施的发明、技术贡献、以计算机实施的发明的可专利性的规定的基础上，对以计算机实施的发明的可专利性条件、专利权的形式和权利限制作出了如上所述的更为具体、明确的规定，尤其是对以计算机实施的发明的可专利性除外情形和数据处理不属于技术领域，即对以计算机实施的发

[1] Europarl 2003-09-24: Amended Software Patent Directive [EB/OL]. [2004-10-22] http://swpat.ffii.org/papers/europarl0309/index.en.html. Article 4a.

[2] 同上，Article 5.

明的可专利性的限制，进行了详细地规定，反映了欧洲议会对计算机程序专利保护的严格态度。此外，指令第 6 条还对专利不得限制可交互性（Interoperability）提出了要求，招致了来自美国的反对意见。❶

综上所述，欧洲议会对以计算机实施的商业方法专利的要求遵循了 EPO 对以计算机实施的发明专利申请的审查实践经验，也是要求具有“进一步的技术效果”和“技术贡献”，并对技术贡献进行了明确定义，从而要求可专利的发明必须对技术领域有贡献，因此将非技术方面具有创造性而技术方面不具有创造性的发明排除在专利保护之外。需要说明的是，根据欧洲专利局审查指南，计算机程序产品是可以受到专利保护的；而根据欧洲议会指令，记录计算机程序的载体是不能单独作为客体申请专利的。这反映了后者改变了前者在以计算机实施的发明的专利保护方面的开放态度。

根据成立欧洲联盟的《马斯特里赫特条约》，在内部市场、保护消费者、教育、文化、卫生等领域应当由欧洲议会和欧洲理事会（Council of the European Union）“共同决策”，因此，《以计算机实施的发明的可专利性指令》还需要两个机构达成一致意见后才能要求各成员国通过其国内法得以实施。从目前来看，欧洲议会主张对专利技术为交互性目的使用或数据处理进行限制，而欧洲委员会和欧洲理事会却认为上述主张超出了对发明人努力的回报和允许竞争者依赖这些发明之间进行平衡所提出的要求，最终会伤害欧洲的竞争者。❷ 可见，欧洲议会与欧洲理事会对于计算机程序专利保护的对立立场表明欧洲的态度尚未最后确定，对于商业方法的可专利性问题仍然存在争议。

---

❶ AIPLA 2003－10：Europarl making software unpatentable!［EB/OL］.［2004－10－22］. http：//swpat. ffii. org/papers/europarl0309/aipla0310/index. en. html.

❷ BRUSSELS. Commission welcomes council agreement on directive on computer－implemented inventions［EB/OL］.［2004－10－22］. http：//europa. eu. int/rapid/pressReleasesAction. do? reference ＝ IP/04/659&format ＝ HTML&aged ＝ 0&language＝EN&guiLanguage＝en.

三、日本——通过硬件资源具体实现

根据日本《专利法》第2条，专利法意义上的可申请专利的“法定发明”是指利用自然规律所进行的技术性创造。JPO于2000年修改的《专利与实用新型审查指南》对什么样的软件是法定发明作出了规定，在该审查指南关于与计算机软件有关的发明的部分指出，一个与软件有关的发明，如果以该软件进行的信息处理（Information Processing）是使用硬件资源（Hardware Resources）具体实现的，则该发明被认为是利用自然规律的技术性创造。所谓“通过软件的信息处理是使用硬件资源具体实现的”是指作为阅读运行于计算机上的软件的结果，信息处理设备（机器）或其中特别适合于使用目的的操作方法，是通过如下具体手段建构的：在该具体手段中，软件和硬件资源共同作用以便实现依赖于给定的使用目的的数学运算和信息操作。该审查指南认为，既然上述信息处理设备（机器）或其中特别适合于使用目的的操作方法属于利用自然规律所进行的具有一定高度的技术性创造，则通过硬件资源具体实现信息处理的软件也属于利用自然规律所进行的具有一定高度的技术性创造。该审查指南同时规定，与满足上述条件的软件共同作用的信息处理设备或其中的操作方法，以及含有上述软件的计算机可读存贮介质，也被认为是利用自然规律的技术性创造。该审查指南关于判断软件是否为法定发明的原则是根据1999年的一个案例而来的。法院在该案中指出，为了符合利用自然规律的技术性创造的要求，被申请专利的发明必须是足够具体以实现特定目的，也就是说，技术必须有足够的具体手段以实现特定目的，以能够被实际地使用，从而保证该技术是客观的。[1]

对于商业方法专利来说，根据日本专利法关于发明的定义，商业

---

[1] Examination Guidelines for Patent and Utility Model in Japan: Part VII: examination guidelines for inventions in specific fields, Chapter 1. Computer Software - Related Invention2. 2. 1 [EB/OL]. [2004-10-22]. http://www.jpo.go.jp/tetuzuki_e/.

方法也必须属于利用自然规律进行的技术创造才能成为专利客体，单纯的商业方法因为没有利用自然规律而不被认为是可专利的发明。然而，日本专利法及其专利审查指南中对于何为技术没有明确定义。从理论上说，商业方法发明只要涉及某种技术上的进步与提升，便可成为专利保护客体，日本专利审查指南也没有完全排除授予非以计算机形式体现的商业方法发明以专利的可能性。但从日本专利审查实践来看，几乎所有没有利用信息技术（如计算机网络或计算机软件）的商业方法都不能满足可专利性的法定要求。所以，一般认为，在日本，商业方法发明所涉及的技术是指应用计算机设备或网络技术，即商业方法专利必须以计算机或网络技术为手段。[1]

JPO 于 2000 年修改的《专利与实用新型审查指南》中第七部分第一章关于与计算机软件有关的发明的规定中列举了 5 个被认为是通过使用硬件资源具体实现的以软件进行的信息处理，其中有 3 个与商业领域有关，实际上也就是被认为属于专利客体的商业方法发明专利申请，它们分别是：经由网络分配的物品的供给方法，预测商品日销售量的装置，积点服务方法。[2]

在美国，软件和商业方法发明的可专利性范围是通过判例法的演进而不断拓宽的，USPTO 要根据 CAFC 和最高法院的裁决不断调整自己的政策。与美国不同，日本是通过修改专利审查指南实现该目的的，法院目前尚无相关判决，即使有，也对 JPO 的政策影响不会太大，因此，JPO 的政策相对比较稳定，基本上也反映了日本的立场。

四、美、欧、日商业方法专利保护的初步分析

在美国，商业方法发明必须产生实用的、具体的、明确的结果才

---

[1] 李森堙．日本商业方法专利制度简介［EB/OL］．［2005 - 01 -10］．http：//www. itnet. org. tw/sinet/pub/PUB43/43 - 16. htm.

[2] Examination Guidelines for Patent and Utility Model in Japan：Part VII：EXAMINATION GUIDELINES FOR INVENTIONS IN SPECIFIC FIELDS，Chapter 1. Computer Software - Related Invention［EB/OL］．［2003 - 11 - 29］．http：//www. jpo. go. jp/tetuzuki _ e/.

能受到专利保护，但不是必须使用计算机。而以计算机实施的商业方法如果在计算机外部能够有物理转换，这说明其是有实际应用的，因此也应受到专利保护。当然，实际应用并不限于具有物理转换，但如果没有物理转换，就必须明确声明该方法的实际应用。然而，对什么是实际应用没有提出判断标准，这就有赖于专利审查员或法官的裁量。美国对商业方法发明的可专利性判断是依据《与计算机有关的发明的审查指南》进行的，这是因为绝大部分商业方法发明都体现为计算机程序形式。而美国对计算机程序的专利保护规范，具体表现为《与计算机有关的发明的审查指南》，是在经历了几十年的探索后才形成的。这几十年中美国法院有关计算机程序专利的判例和 USPTO 有关审查指南的变迁表明，美国对计算机程序的专利保护的趋势不断加强，这主要是出于本国产业政策的考虑，没有证据表明是进行了法理和法经济学的科学分析后的选择，而美国提出的实际应用的判断标准也是为了对专利客体的范围进行限制，以避免专利保护范围过大所带来的不利影响。在实际应用的要求下，仅仅对数据进行处理的方法就不能受到专利保护。

在欧洲，由于欧洲议会和欧洲理事会对以计算机实施的发明的可专利性问题分歧较大，欧洲对商业方法专利保护的态度只能通过 EPO 的审查指南和审查实践来判断。欧洲专利审查实践对以计算机实施的商业方法发明的可专利性提出了具有进一步的技术效果和技术贡献的要求，这一要求为欧洲专利审查指南所认可。根据上述要求，可以肯定的是，专利客体的创造性必须体现在技术方面，如果发明所设想的改进是基本的经济方面，那么发明不具有创造性，即，经济改进无助于创造性，只有那些解决技术问题的方面被认为是决定创造性的存在与否。在这一点上，欧洲的要求比美国严格。然而，与美国的实际应用缺乏判断标准一样，进一步的技术贡献的判断标准也比较模糊。与美国还有一点相同的是，在美国，仅仅对数据进行处理的而没有实际应用的方法不受专利保护；在欧洲，数据处理因不属于技术领域而不受专利保护。

在日本，一般认为，只有以计算机和网络技术实施的商业方法发明才能成为专利客体，没有利用上述技术的商业方法发明通常不能得到专利保护。

第二章　商业方法专利的界定

在介绍了美、日、欧商业方法专利制度和政策之后，我们会感到国际上围绕着一种名为商业方法的专利正在进行着热闹的斗争，但对究竟什么是商业方法专利，仍然缺乏清晰和全面的认识。这就需要我们对各国法院或专利局确认的商业方法专利进行抽象概括，对商业方法专利作出科学的界定，掌握商业方法专利的本质，及其与其他专利客体特别是与其他方法专利客体的区别。只有在此基础上，我们才能进行更为深入的研究。因为任何研究都必须建立在科学界定的基础上。

那么，什么是商业方法专利（Business Method Patent，简称BMP）呢？我们在回答这个问题时，发现存在一定困难。原来各国并没有对商业方法专利作出过确切的定义，其关于商业方法的看法也有差异。

第一节　主要国家关于商业方法专利的定义

一、中国

国内涉及商业方法专利的理论文章比较多。研究这些文章的题目就可以发现，除了较常使用的“商业方法专利”外，许多其他表述也被用来指称同一概念，如商业模式专利、商业银行金融专利、电子商务专利、经营模式专利、网络商业方法专利、电子商务商业方法专利、电子商务运营方法专利、商业方法软件专利、金融产品专利等。这说明，国内学者对上述同一概念还没有发展到用同一表述来指称。而且，这些理论文章中对其所选用的表述进行明确定义的更为少见，这也反映了对该研究对象的内涵和外延进行定义的回避态度。不过，商业方法专利这个术语的使用还是较为常见的。这很可能是从导致其本身产生的商业方法除外（Business Method Exception）直接翻译过来的缘故。但即使是这样，对商业方法专利作出明确定义的文章也不多见。让我们分析一下少见的几个关于商业方法专利的定义。

有人认为，由于所说的商业方法专利实际上大多是通过计算机系统实现的，而又都会以软件的形式表现出来，所以，一般将其称为商业方法软件专利（Software Related Business Methods Patent），也有称为 e－patent，而对于 BMP（ Business Method Patent）的称谓，一般认为包含了普通的商业方法专利和与软件有关的商业方法专利，甚至多数情况下特指后者。❶ 该定义实际上指出，我们常说的商业方法专利实际上是指商业方法软件专利，但没有明确何为商业方法。

有人对商业方法专利及相关概念进行了初步研究。❷ 在其文中，作者在分析了美、日关于商业方法专利的界定后，提出了商业方法专利的概念，即商业方法专利是指通过技术手段实施的商业方法发明，这些发明包括与计算机系统有关的发明和与计算机系统无关的发明，而前者若以计算机软件形式表现出来，则被称为商业方法软件专利。作者进一步指出，商业方法软件专利是指通过计算机系统和网络运作的用于管理或营销的发明，是由特定的装置（计算机及网络）、特定的应用软件和商业方法组合而成的技术方案，又被称为电子商务商业方法软件专利，或简称为电子商务专利。作者继而又分析了商业方法软件专利、商业方法专利和软件专利的联系和区别，并指出商业方法软件专利是商业方法专利和软件专利的交集。该作者也认为，我们常说的商业方法专利实际上是指商业方法软件专利。对于何为商业方法，作者高度概括地指明了商业的外延包括管理或营销。这个定义的外延非常广泛，让人难以把握。

除了上述定义外，还有一些其他定义，如，经营模式专利是对使

---

❶ 张平．论商业方法的可专利性［J］．网络法律评论，2002（2）：145.

❷ 沙海涛．电子商务商业方法软件的专利保护［J］．电子知识产权，2003（2）：50.

用信息系统实现新的经营方法和机理的认可而给予的一种专利；❶ 又如，电子商务专利中的电子商务是一种方法，一种对网络硬件资源的经营活动或方法。❷ 上述定义都非常简单，除了表示出商业方法专利与信息技术和网络有关外，对于商业方法的解释过于简单，且有点循环定义之嫌。

可见，国内对于商业方法专利没有确切定义。让我们把目光投向商业方法专利的起源国和在政策上采取有针对性措施的国家，以探究商业方法专利的原本含义，并作为我们研究的起点和前提。

二、美国

（一）有权部门没有对商业方法专利作出严格定义

美国法院和专利商标局都认识到区别商业方法专利申请和其他申请的困难，都认为不好给商业方法下定义。美国国会在《美国发明人保护法》中虽然为商业方法发明提供了在先使用权保护，但并没有对何为商业方法进一步作出定义。

（二）有关商业方法专利定义的建议

美国国会议员 Rick Boucher 和 Howard Berman 于 2000 年向国会提交的《商业方法专利促进法》中，将商业方法界定为下列方法之一：

(1) 一种经营、管理或其他操作某一企业或组织包括适用于财经信息处理过程的技术方法。

(2) 任何应用于竞技、训练或个人技巧的技术方法。

(3) 上述 (1) 或 (2) 中所描述的由计算机辅助实施的技术或方法。❸

按照该定义，健身方法也属于商业方法。

ALPLA 在其发表于 2001 年春的一个关于如何申请商业方法专

❶ 陈幼松．经营模式专利的冲击［J］．电子知识产权，2000（9）：55.

❷ 马骁．电子商务专利引发的几点思索［J］．电子知识产权，2000（6）：39.

❸ 沙海涛．电子商务商业方法软件的专利保护［J］．电子知识产权，2003（2）：50.

利的文件中认为，商业方法是一个被许多人用来描述不同的方法权利要求的概括术语。大部分商业方法专利申请被归入美国专利商标局第705分类，该分类工作组主要负责审查自动化商业数据处理技术领域中的专利申请。但是，并不是所有的商业方法专利申请被归在705分类。例如，教训方法被归在434类，即教训和示范类；游戏方法被归入273分类，即娱乐装置和游戏程序类；提高农业产量的方法属于47分类，即种植管理类。❶

（三）电子商务专利是商业方法专利之一种

在美国，对于究竟什么是商业方法专利，存在一定的混乱。有人认为商业方法专利就是电子商务专利或网络专利，有人感觉到商业方法专利就是一种软件专利。❷ 确认商业方法法定客体除外原则终止的State Street Bank案，现在通常被认为导致了商业方法专利的产生。由于State Street Bank案中系争的特定商业方法是一管理金融服务配置的数据处理系统，因此，商业方法现在通常被等同于网络和电子商务技术。然而，对确认商业方法除外原则的第一案进行分析，可知上述判断是错误的。所谓商业方法法定客体除外原则产生于1908年的Hotel Security Checking Co. v. Lorraine Co. 案，该案系争的专利是一项用于防止雇员欺诈的记账方法，记账方法属于机械方法。可见，从产生的历史科技环境来看，商业方法不是在软件技术的环境下产生的。因此，商业方法作为专利客体的概念，将其限制于网络和电子技术环境，有违其原本含义。严格地说，电子商务是商业方法的一种，商业方法包括电子商务，不能用商业方法这个术语概括地称呼网络和电子商务技术。❸ 但是，在一项商业方法专利申请中涉及软件可以增

❶ JOHN J. LOVE, WYNN W. Coggins. Successfully preparing and prosecuting a business method patent application [EB/OL]. [2003-11-28]. http://www.furutani.co.jp/office/ronbun/PreparingBMP.pdf.

❷ 同上。

❸ RICK. D. NYDEGGER. B2B, B2C and other "business methods: to be or not to be patent eliglble [J]. University of Baltimore, Intellectual Property Law Journal, 2001 (9): 6.

强该商业方法的可专利性。

三、欧洲

EPO在其提交给三局（the Trilateral Offices）的一份报告的附录6中就何为商业方法进行了简要概括，它认为，商业方法是对以下客体的概括总称：资产评估、广告、教育、招聘等与人际、社会、金融关系联系更多而与工程材料无关的方法等。[1]

四、日本

JPO第四审查部部长井上正的观点是：单纯的商业方法由于缺少技术特征被排除在专利保护之外，尽管我们现在称为商业方法专利，这并不意味着我们突然开始保护那些传统专利法不保护的纯粹的商业方法和商业模式。技术随着时代的改变而变化，专利权也会授予那些使用现代技术产生的发明，例如那些使用在银行操作系统上的自动柜员机（ATM）一类的支持商业活动的设备。近年来，随着信息技术的发展，使用计算机和网络来完成整个商业活动的操作，比如订货、销售、财务结算以及广告都成为可能，这使得创意可以通过计算机系统以一个有形的方式加以解决从而可以获得专利，这就是那些极具有吸引力的所谓商业方法专利，可以说，商业方法专利是一项通过计算机系统完成创造的发明。[2]

第二节　商业方法专利的定义和特征

一、商业方法专利的定义和特征

从以上阐述可以看出，各国一般认为只有通过技术手段实施的商业方法发明才能作为专利客体，即商业方法专利是指其权利要求指向

[1] Examination of business method applications [EB/OL]. [2003-11-19] http://swpat.ffii.org/papers/epo-tws-app6/index.en.html.

[2] 沙海涛．电子商务商业方法软件的专利保护［J］．电子知识产权，2003（2）：50.

的是以技术手段实施的商业方法的专利，非技术手段实施的商业方法即抽象的商业方法被认为不应受到专利保护。根据是否需要借助计算机实施可将商业方法专利分成两类，一类是计算机实施的商业方法，一类是非计算机（如电话）实施的商业方法。计算机实施的商业方法专利占了绝大部分，由于其通常是以计算机软件的形式表现出来，又被称为商业方法软件专利。实际上，在大多数情况下，我们所说的商业方法专利是指商业方法软件专利。

美、日、欧都没有在立法或判例中对作为商业方法专利客体的商业方法作出明确定义。USPTO 虽然确认第 705 分类属于商业方法类，但这种存在于行政分类中的认定，本身没有法律意义上的约束力。

对商业方法专利进行定义首先需要明确什么是商业方法，而与之相关又需要回答以下问题：什么是方法？商业都包括什么？商业方法中的手段和本质如何区分？上述问题的复杂性决定了难以对商业方法专利进行明确定义。在商业方法本身存在不确定性及其是否具有专利适格性的问题没有解决的情况下，立法无法也不应对商业方法作出清楚定义，因为立法的修改相对于判例法和审查指南来说毕竟是不容易的。因此，不对商业方法进行定义也是一个立法技术的问题。❶

商业方法专利是在计算机技术迅速发展的前提下产生的，它的突然出现要求各国执法机关及时作出反映，而其本身作为一种经济政策，又对各国产业发展有重要影响。在法律上商业方法能否作为专利客体存在很大争议的情况下，各国也回避了在立法上对商业方法进行定义，以便为自己今后采取有关政策留有余地。

但我们在对这一现象进行研究时，从治学严谨出发，也为了阐述方便，都需要对商业方法专利提供一个定义。如前所述，在对商业方法专利进行定义之前需要回答何为方法以及何为商业方法的问题。所谓方

---

❶ N. The patent subject matter reconfiguration and the emergence of proprietarian norms——the patent eligibility of business methods [EB/OL]. [2004－11－19]. http：//www. law. utu. fi/innovation/eligibility. pdf.

法是指，达到某种目的而采取的途径、步骤、手段等。显然，方法的完成需要经历一定的时间。而商业方法当然是与商业活动有关的方法。虽然商业方法与专利客体产生联系并引发争议是最近几年才发生的，但商业方法本身则是从有商业活动就产生了。对商业方法进行定义需要对商业活动进行观察和总结。

商业是随着商品交换和商品经济的出现而产生的，从广义上来说，商业应当包括围绕商品的生产和交换所进行的一切活动，商业方法也就是从事上述活动的方法。但商业方法专利所指向的商业方法应当是指狭义上的商业方法，不包括具体的产品制造方法在内，后者作为专利客体已被大多数国家所承认。从这个角度考虑，并结合以上各国关于商业方法的定义和前述商业方法专利案例来看，商业方法专利意义下的商业方法按照其在商业活动中所处阶段的不同应当分为以下几类：（1）作出生产产品和提供服务的决策过程中的信息收集、处理方法；（2）产品生产和服务提供过程中的组织和管理方法；（3）旨在让公众了解、接受产品和服务并促使其作出消费决策的市场营销方法。

商业方法自商品经济出现就已存在，而且随着商品经济的发展而不断推陈出新。从商业方法所涉及的领域来说，随着社会分工的细化和深化，商业方法不仅限于简单的产品生产和服务提供活动中，如服装的制作和保管服务的提供，而且扩展到金融、咨询、广告等专业性强的服务和其他产品提供活动中。从商业方法所使用的手段来说，从算盘、招幌等较为简单的手段发展到现在所使用的计算机、网络等先进的技术。由此可见，商业方法的外延极其广泛决定了难以对其内涵进行比较准确的概括，简单地称之为从事商业活动的方法又让人无法把握。这就有必要将商业方法的本质特征揭示出来。

（1）与商业方法过程有关的是对信息的处理，尽管在对信息的处理过程中要利用到物理手段，但物理材料不是商业方法处理的对象。这是商业方法与产品制造方法的显著区别。商业方法所处理的信息，包括消费者的需求、产品和服务提供者的供给、产品和服务的价格、性能等内容。商业方法对信息处理的目的不是为了生产有形产品，而是为了传递信息或为人们提供决策依据。

（2）商业方法背后都有其理论支持，这些理论是人们智力劳动的成果，是人们对自然规律、经济规律和社会规律的总结。换言之，商业方法应当是科学的方法，使用该方法从事商业活动能够起到人们所追求的效果，如能够合理配置资源、减少成本、提高效率等。商业方法中最常用的理论是经济科学理论，既包括宏观经济学，也包括微观经济学；既包括经济基础理论，也包括应用经济学；甚至包括与商业行为有关的心理学，如消费心理学。[1]

在揭示了商业方法的本质特征后，我们可以将商业方法定义为，商业方法与能产生有形产品的技术方法或活动不同，是指将抽象的或与商业有关的事实资料用于具体商业活动的重复过程。在本质上，商业方法是一个将抽象的事实资料转化为商业上有用信息的过程。这种事实资料的转化和应用过程需要借助一定手段来进行，这种手段可能是数字计算机和信息处理技术，也可能是其他手段。[2] 如前所述，从商业方法的字面含义和其产生的历史环境来说，我们都不应把其限于网络和电子技术环境中。事实上，USPTO 授予的商业方法专利中有许多是与电子技术无关的。许多反对商业方法专利者也不仅仅将商业方法专利限于计算机实施的条件下。

商业方法专利是指权利要求本质上指向商业方法的专利，而不考虑其权利要求的形式。一般说来，商业方法专利涉及对事实资料的传递和处理，因此其权利要求应当被撰写为方法权利要求，但如果对事实资料的传递和处理是通过一定的装置来实现的，则该商业方法专利也可以被描述为一装置，State Street Bank & Trust Co. v. Signature Financial Group，Inc 案中系争的美国第 5193056 号专利所指向的就是一被认为属于机器的数据处理系统。从实践来看，商业方法专利指

---

[1] 黄毅，尹龙．商业方法专利［M］．北京：中国金融出版社，2004：30.

[2] NARI LEE. The patent subject matter reconfiguration and the emergence of proprietarian norms—the patent eligibility of business methods［EB/OL］．［2004－11－19］．http：//www. law. utu. fi/innovation/eligibility. pdf.

向的客体多为适用于管理、商业、金融、监管或预测用途的数据处理设备或方法。

二、对商业方法专利的进一步理解

（一）商业方法专利与其他相关概念的区别

商业方法专利是指以商业方法为客体的专利，而不借助任何技术手段实施的商业方法，也就是纯粹的商业方法，由于过于抽象，无法具体化和重复实施，一般被认为不受专利保护，因此，商业方法专利，虽然字面上没有提及其实施手段，但一般是与实施其的技术手段结合在一起受到专利保护的。

按照实施的技术手段的不同，商业方法专利可分为以计算机实施的商业方法专利和以其他装置实施的商业方法专利。以计算机实施的商业方法专利，主要表现为软件形式，通常被称为商业方法软件专利。虽然有不少国家在法律上或政策上对软件给予间接或直接的专利保护，但软件作为专利客体至今仍然有很大争议。而商业方法在历史上也被排除在专利法定客体之外。因此商业方法软件作为商业方法和软件的结合，其专利客体地位更是备受争议。

我们在对商业方法专利进行研究时，应当注意区分商业方法专利、软件专利和商业方法软件专利。绝大部分商业方法专利体现为软件的形式，也就是说，绝大部分商业方法专利属于商业方法软件专利。商业方法软件专利虽然也是软件专利的一种，但又有其特殊性，该特殊性是由其商业方法的性质决定的。

（二）商业方法专利与计算机的关系

根据本书对商业方法的定义，商业方法是指将抽象的或与商业有关的事实资料用于具体商业活动的重复过程，商业方法专利是指权利要求本质上指向商业方法的专利。由此可见，商业方法专利处理的是无形的信息，这需要借助一定的手段，包括计算机手段和非计算机手段。由于计算机在处理信息中被普遍使用且发挥着重要作用，因此，商业方法专利从其产生就与计算机发生了密不可分的联系。对商业方法专利进行规范调整的国家和地区，包括美、日、欧等，也都将商业方法专利的审查纳入到与计算机或计算机软件有关的发明的专利审查中。因此，要全面研究和深入把握商业方法专利问题，必须对与计算机有关的发明的专利保护问题有深入认识。正是如此，在以后的内容中对商业方法专利进行理论分析时，总是不可避免地要涉及对与计算机有关的发明的专利审查。

计算机分为硬件和软件两大部分，计算机硬件受专利保护已经得到普遍的认可，而计算机软件的专利客体地位却是争议已久而仍未解决的问题。在实践中，计算机软件是最常见的实施商业方法的手段。计算机软件的可专利性和专利实质条件势必对商业方法发明的专利保护产生影响。然而，商业方法专利又有不同于计算机软件专利的特点。本书在分析计算机软件专利的一般原则和问题的同时，会更多地关注商业方法专利的特殊性。

第三节　商业方法与其他作为专利客体的方法发明之比较

为了进一步了解作为专利客体的商业方法发明，我们有必要从专利客体和专利权的类型出发对商业方法进行更加深入的分析。

一、专利权的两大类型——产品专利和方法专利

根据发明人创造性活动的表现对象，各国一般将发明的种类分为产品发明、方法发明、物质发明、改进发明、新用途发明，但从发明的本质来看，发明只有两大类，即产品发明和方法发明。物质也属于产品的范畴，改进及新用途发明，如果是针对产品的，属于产品发明，针对方法的，属于方法发明。[1] 从专利法对专利权的保护来看，作为专利客体的发明也分为上述两大种类。如，我国《专利法》第 11 条规定：发明和实用新型专利权被授予后，除本法另有规定的以外，任何单位或者个人未经专利权人许可，都不得实施其专利，即不

[1] 陈志刚，等．比较专利法［M］．兰州：兰州大学出版社，1993：5.

得为生产经营目的制造、使用、许诺销售、销售、进口其专利产品，或者使用其专利方法以及使用、许诺销售、销售、进口依照该专利方法直接获得的产品。根据该规定，对于产品专利来说，保护的是其产品的制造、使用、许诺销售、销售和进口；对于产品制造方法来说，保护的是其方法的使用，以及使用、许诺销售、销售、进口依照该方法直接获得的产品；对于其他方法来说，保护的仅仅是其方法的使用。可见，尽管科学技术发明种类繁多，形式各异，但是在专利法的意义上的技术发明只包括产品和方法两种类型，相应地，专利权的类型也分为产品专利和方法专利两大类。显然，这里的“产品”和“方法”都是广义的。产品发明是关于物或物的组合体的发明，其范围不仅仅包括通常意义上的产品，而且还包括物质、机器、装置、系统等。美国专利法第 101 条所规定的四种法定客体中有三种属于产品发明，即机器、产品和物质合成。与之相对应，方法发明是为了生成某种结果而采取的一系列的操作步骤（如工艺流程），尽管在执行这些操作步骤时也会涉及物，包括作为操作手段的工具和设备，以及作为操作对象的材料等，但方法发明的核心不在于对物本身的创新或改进，而是提出一种新的加工、操作或使用方式，通过方法步骤的组合和执行顺序来实现方法发明所要达到的目的。❶

从产品发明和方法发明的定义来看，二者有很大的区别，但在实践中，方法发明和产品发明在许多情况下是很难判断的，往往两者兼而有之。对于这个问题，国外有学者认为，如果构成其发明的必要条件中包含有时间的要素，那么该发明就属于方法发明；如果其中不包含有必要的时间要素，那么，该发明就应属于产品发明。❷ 从我国专利立法和实践来看，发明种类的判断涉及专利权类型的确定，但专利权类型的确定却不是根据发明的技术特征中是否包含有时间因素为判断依据的，而是以权利要求的主题名称来确定的。我国《专利法实施细则》第 22 条规定，权利要求应当在前序部分写明要求保护的发明

❶ 尹新天．专利权的保护［M］．北京：专利文献出版社，1998：197.

❷ 曾永珠．专利与技术贸易［M］．北京：中国人民大学出版社，1990：5.

或者实用新型技术方案的主题名称，而所谓的主题名称必须在产品或方法中择其一，而不能采用模棱两可的表达方式，也不允许采用混合的主题名称。主题名称一旦确定，专利权的类型也随之确定。❶

二、作为专利客体的方法发明

从理论上讲，专利客体应当是一种技术知识，而不是所谓的产品、方法。在专利法实践中，对于一项专利申请，申请人应当写明其主题是产品还是方法，而判断其是否为专利法上的保护客体，也要看其是否落入专利法上的经验性分类，即产品发明和方法发明。可见，我们所说的产品专利和方法专利，实际上是从专利客体的物化结果上来说的。所谓产品专利是指其物化结果为产品的专利。而方法专利所指向的则是操作步骤。这两种专利客体在专利历史上不是同时出现的，而是先后得到承认的。也就是说，专利客体经历了从产品到方法的拓展过程。在专利法早期，人们意识中的作为专利客体的发明似乎都是看得见、摸得着的机器、产品或物质组合等。在后来，随着科学技术的发展，采用不同的方法可以生产出相同的产品或生产出不受专利法保护的客体，而该方法本身显然是人们创造性劳动的结果，应当受到法律的保护。于是，方法作为专利客体的地位逐渐得以确立。这里的方法是指针对具体对象采用的动作、操作法、步骤，或一系列动作、一系列操作法、一系列步骤。然而，在方法专利产生之初，人们颇有顾虑，担心抽象的思想被纳入专利保护范围之内。为了防止抽象的科学理论、自然规则在方法专利的名义下被发明人所垄断，人们很快确定了一种经验性规则，即，方法必须与有形物质相关联，产生有形的结果，才能受到专利保护。❷ 这样，在商业方法专利以前，对于作为专利客体的方法，人们一般认为其目的是为了生产某种有形成果。而商业方法这一专利客体的出现，对上述方法专利的目的提出了

❶ 尹新天．专利权的保护［M］．北京：专利文献出版社，1998：197.

❷ 清华大学法学院．计算机程序的专利保护研究报告［R］．北京：2004：65. 美国将该判断标准称为物理转换，对此本书将于后详述。

挑战。

从方法专利产生到现在，作为专利客体的方法可以分为以下四种类型：第一种是制造加工方法，该方法作用于一定的物品上，使物品在结构、形状或者物理化学特性上产生变化。第二种是作业方法，这种方法不以改变所涉及的物品的结构、特性或功能为目的，而是寻求产生某种技术上的效果，如测量、检验、采掘等，供暖、通风、发电、制冷等用于实现能量转换或者达到某种非物质性技术效果的方法也属于这一类方法的范畴。第三种方法是使用方法，也就是用途发明，它是对某种已知物品的一种新的应用方式，目的是产生某种技术效果或者社会效果，而不是改变被使用的产品本身。[1] 第四种就是信息的转换和处理方法，该种方法是在信息技术发展以后得到普遍应用的，商业方法就属于这种方法。

三、商业方法发明与其他方法发明之区别

如前所述，作为专利客体的方法发明存在四种类型，而商业方法发明作为其中的一种，与其他方法存在如下区别：

一是从作用对象来看，商业方法所作用的对象是信息，而其他方法作用的对象是物理实体或物理能量。尽管商业方法的实施要依赖物理材料，但其作用对象却是信息，物理材料在此只是作为商业方法的手段而存在。而其他方法无论其手段还是对象都指向的是物理实体或物理能量。

二是从理论支持来看，商业方法背后的理论支持多为经济理论或人类行为学科，属于社会学科内容；而其他方法基本上是建立在自然科学的基础上，如物理学、化学等。

正是由于商业方法发明与其他方法发明之间存在上述显著区别，商业方法作为专利客体对传统专利法理论提出了挑战。本书将在论证商业方法的可专利性时对此问题作进一步分析。

---

[1] 尹新天．专利权的保护［M］．北京：专利文献出版社，1998：59.

第三章　专利客体的确定原则

在回答商业方法能否作为专利客体的问题前，首先需要我们深入思考一下确定专利客体所应当坚持的原则。专利客体（Patentable Subject Matter）[1] 作为专利法中的一个范畴是指，能够受到专利法保护的客体。专利客体是一项申请要想取得专利权必须跨过的第一道门槛。而第二道门槛是专利的实质条件，即所申请的标的是否符合专利法规定的其他具体条件，如新颖性、创造性、实用性等。[2] 专利客体决定了受专利保护领域在水平方向的范围大小；而专利实质条件则决定了专利客体最终能够通过专利审查的数量，也就是说，专利实质条件在纵深方向上决定了受专利保护的范围。

各国专利法都对上述两道门槛即专利客体和专利实质条件作出了规定。一般来说，各国关于专利客体的规定（包括其司法实践）[3] 受到各国相关产业发展情况及其政策的影响，而各国相关产业发展情况及其政策的不同是显而易见的，因此，各国关于专利客体的规定一般比较原则，且有些存在明显差异。而对于专利实质条件来说，各国一般都要求专利必须符合实用性、新颖性和创造性（或非显而易见性）的具体条件。

尽管各国关于专利客体的规定存在明显差异，但由于专利制度作为一种经济制度，对人类生活和发展影响重大，而专利权作为一种私权，与专利权人自身利益密切相关，因此，我们还是可以在确定专利客体方面找出可共同适用的原则来。

---

[1] 也有人译为“可专利主题”。

[2] 张平．论商业方法的可专利性［J］．网络法律评论，2002（2）：145．

[3] 实际上，各国司法审查部门在专利客体范围的确定上起到了很大的作用，具体表现在一系列案例中。

第一节　关于专利客体的立法规定和比较分析

一、关于专利客体的立法规定

（一）美国

美国专利法第 101 条是关于专利客体的规定。该条内容如下："凡发明或发现任何新颖（New）而实用（Useful）的方法、机器、产品、物质合成，或其任何新颖而实用之改进者，都可按本法所规定的条件和要求获得专利。"除第 101 条外，美国专利法没有其他条文与专利客体有关，也没有列出不受专利法保护的客体。因此，美国专利法关于专利客体的规定是非常概括的，在新颖而实用的基础上，只要求专利客体必须落入"方法、机器、产品、物质合成"这四种法定客体中的至少一种。《美国专利法》关于专利客体的高度概括为专利授权部门（即美国专利商标局）和专利无效的最终审查认定部门（即美国最高法院）在解释专利客体方面留下了很大的空间。

20 世纪后期，随着新技术（尤其是计算机技术和生物技术）的发展，一些新发明被授予专利，由此产生了很大争议，在后来的上诉程序中，美国最高法院通过一系列判例将新产生的发明纳入了专利客体范围，并确定了不受专利法保护的客体范围。在这方面，1980 年的 Diamond v. Chakrabarty 案是个里程碑式的案例。在该案中，Chakrabarty 就一种转基因的微生物申请专利。USPTO 虽然批准了生产该微生物方法的权利要求，但驳回了就转基因微生物本身的权利要求。Chakrabarty 不服提出上诉，关税与专利上诉法院支持了其上诉请求。USPTO 不服，又向最高法院提出上诉。最高法院在该案中总结了以往的一系列判例后说：自然规律、物理现象和抽象观念不具有可专利性，因而，一种发现于地下的新矿物或一种发现于野外的新植物，都是不能获得专利权的客体。同样，爱因斯坦不能就他的著名的 E＝mc2 定律获得专利，牛顿也不能就万有引力定律获得专利。因为，这类发现是对于自然界的说明，可以由所有的人自由使用，而非专属于某个人。但 Chakrabarty 的权利要求不是迄今未知的自然现象，而是非自然产生的制品或合成物——人类创造性的产物，因而可以作为产品或物质合成受到专利保护。[1]在 Diamond v. Chakrabarty 案和后来 1981 年的 Diamond v. Diehr 案中，最高法院都声明，国会想把专利法第 101 条的专利客体扩大到“太阳底下任何由人制造的东西”。[2] 在 1998 年的引发更大争议的 State Street Bank & Trust Co. v. Signature Financial Group，Inc 案中，最高法院再一次提到了上述两案，并重新分析了专利法第 101 条的用语，认为，含义广的“任何”一词在第 101 条中的反复使用表明，国会的意图是不想在专利客体上设置任何限制，专利法第 101 条的意义非常明确，任何落入这四种法定客体中的一种的发明都可以受到专利保护，只要它满足美国专利法第 102、103、112 条所规定的专利的其他条件。

（二）欧洲

在欧洲，取得专利有三种途径，向欧洲专利局、各个欧洲国家专利局申请专利或按照专利合作条约申请专利。专利合作条约仅仅是一个程序性条约，没有对专利客体的条件作出规定。欧洲专利局是根据《欧洲专利公约》于 1973 年建立的，其具有程序和实体的双重功能。尽管欧盟所有成员国都签署了《欧洲专利公约》，但欧洲专利局并不是欧盟的一个机构，而是各国政府间组织。申请人向欧洲专利局提交一份专利申请，申请人可以指明其想在哪些欧洲专利公约成员国寻求专利保护。欧洲专利局根据《欧洲专利公约》确定的统一标准进行审查，但其最终授予的并不是一个真正的欧洲专利，而是一束国家专利。[3] 对上述专利侵权纠纷的处理是由欧洲各国的法院自己负责的。《欧洲专

---

[1] 李明德．美国知识产权法［M］．北京：法律出版社，2002：34.
张晓都．专利实质条件［M］．北京：法律出版社，2002：246.
Diamond v. Chakrabarty，447 U. S. 303，309，206 U. S. P. Q. 193，197（1980）．

[2] Diamond v. Diehr，450 U. S. 175，182（1981）．

[3] JOHN M. CONLEY. The international law of business method patents［EB/OL］．［2004－07－26］．http：//www. hunton. com/pdfs/newsletter/Patent－law－update _ Business _ Methods _ 4. 04 pdf.

利公约》代表了欧洲各国专利制度的统一方面。

在绪言中，《欧洲专利公约》明确其缔约宗旨在于，在欧洲各国建立和规范单一的专利授予程序，以加强各国之间关于发明保护的合作。从中可以看出其缔约的直接目的是为了保护发明，但未对发明作出定义，也无法看出专利公约的根本目的。

《欧洲专利公约》第 52 条对可获专利保护的发明（Patentable Invention）作了如下规定：

“1. 欧洲专利应授予能够在工业上应用的（Susceptible of Industrial Application）、新颖的（New）和有创造性（Not Obvious）的任何发明。

2. 下列各项不属于第 1 段所规定的发明：

（a）发现、科学理论和数学方法；

（b）美术创作；

（c）进行智力活动、游戏或商业活动的方案、规则和方法，和计算机程序；

（d）信息的显示。

3. 第 2 段规定的申请客体或活动的专利性的排除，在一定程度上仅指与其本身有关的欧洲专利申请。

4. 对人体或动物体用外科或治疗方法以及人体及动物体上实行的诊断方法，不应认为属于第 1 段所称的能在产业上应用的发明。这一规定不适用于为使用上述方法所用的产品，尤其是物质或合成物。”

第 53 条规定了不能取得专利的发明：

“以下各项不授予欧洲专利：

（a）发明的公布和利用违反公共秩序或道德的，假如发明的利用并不仅仅因为某些缔约国的法律或法规禁止利用，而被认为违反公共秩序或道德的话；

（b）植物或动物品种或者实质上是生产动植物的生物学方法。本规定不适用于微生物学的方法以及用该方法获得的产品。”

从上述规定可以看出，《欧洲专利公约》关于专利客体的规定与美国专利法的不同在于，其列举了专利客体的排除范围，但需要注意的是被排除在专利客体之外的申请主题或活动仅限于其本身（As Such）。例如，化学理论就其本身不受专利保护，但根据其指导所生产的药品可以申请医药专利；计算机程序本身不受专利保护，但若计算机程序作为一诊断设备权利要求的组成部分就可受到专利保护。

与美国专利法关于专利客体要求不同的另外两点是，一是《欧洲专利公约》规定的专利客体在用词上只包括发明，不包括发现，而美国既包括发明又包括发现；二是欧洲专利要求“能够在工业上应用”（Susceptible of Industrial Application），而美国相应的要求是“实用的”（Useful）。

（三）日本

日本《专利法》[1] 第1条规定，本法的目的，旨在通过保护及利用发明，从而奖励发明，以促进产业的发展。

第2条对发明进行了定义，明确专利法所指的发明是指，利用自然规律所进行的具有一定高度的技术性创造。以上两条是日本专利法关于专利客体的规定，其包括三个要素：一是必须是技术性创造，二是必须是利用自然规律所进行的技术性创造，三是该技术性创造必须具有一定高度。这里的自然规律是指物理学、化学等自然科学的原理。[2]

第29条规定，任何在工业上应用的发明都可以获得专利保护。

第32条规定，有妨害公共秩序、善良风俗或者公共卫生之虞的发明，不能获得专利。

根据1997年2月27日的日本工业应用发明审查实施指南，以下被认为是不可专利的客体：（1）自然规律本身；（2）单纯的发现；（3）违背自然规律的发明；（4）没有利用自然规律的；（5）个人技巧；（6）信息的单纯表达；（7）美学创造；（8）提供的任何手段都不

[1] 本书中所根据的是指经过1999年三次修改后并于2001年1月6日起实施的日本专利法。见杜颖，易继明，译．日本专利法［M］．北京：法律出版社，2001.

[2] （日）神保弁吉、市桥 明．发明与专利［M］．魏启学，译．北京：中国财政经济出版社，1980：20.

可能解决应当解决的问题的申请。[1]

（四）中国

中国《专利法》第1条规定：为了保护发明创造专利权，鼓励发明创造，有利于发明创造的推广应用，促进科学技术进步和创新，适应社会主义现代化建设的需要，特制定本法。根据该规定，专利法的目的在于促进科学技术进步和创新。由此可以看出，中国的专利客体必须是科学技术。

第5条规定，对违反国家法律、社会公德或者妨害公共利益的发明创造，不授予专利权。

第25条规定：对下列各项，不授予专利权：（1）科学发现；（2）智力活动的规则和方法；（3）疾病的诊断和治疗方法；（4）动物和植物品种；（5）用原子核变换方法获得的物质。对前款第（4）项所列产品的生产方法，可以依照本法规定授予专利权。

（五）TRIPS协议

TRIPS协议是为建立WTO而进行的持续八年之久的乌拉圭谈判的结果。在全球范围内协调专利制度的诸多国际公约之中，TRIPS协议是最为重要的。TRIPS协议在成员国中为专利建立了最低保护水平。

TRIPS协议第27条第1款明确规定："一切技术领域的任何发明，无论产品发明或方法发明，只要其新颖、包含创造性并可付诸工业应用，均应有可能获得专利。"但其未对技术作出具体解释。需要注意的是，该款的脚注指出，本条所指的"创造性"及"可付诸工业应用"，与某些成员国使用的"非显而易见性"、"实用性"系同义语。

TRIPS协议第27条第2款和第3款对不可专利的客体进行了概括和列举规定。第2款概括规定，如果为保护公共秩序或公德，包括保护人类、动物或植物的生命与健康，或为避免对环境的严重破坏所

[1] CHRISTOPHER C. VAN BARR. Patentability of software and business methods [EB/OL]．[2003－11－29]．http：//www.gowlings.com/resources/publications.asp? pubid=697.

必需，各成员均可排除某些发明于可获专利之外，可制止在该成员地域内就这类发明进行商业性使用，只要这种排除并非仅由于该成员的域内法律禁止该发明的使用。第3款规定："成员还可以将下列各项排除于可获专利之外：（a）诊治人类或动物的诊断方法、治疗方法及外科手术方法；（b）除微生物之外的动、植物，以及生产动、植物的主要是生物的方法（生产动、植物的非生物方法及微生物方法除外）。"

通过上述对主要国家专利法中关于专利客体的规定进行分析，应该说，对专利客体的界定采取定义式和排除式相结合的方法是比较理想的。这样，一方面能够简要概括出专利客体的质的规定性，另一方面又从反面说明了哪些不属于专利法保护的客体，从而避免了正面列举不能穷尽的缺陷。

二、比较分析

在了解以上关于专利客体的有关规定的前提下，让我们从以下方面对各国关于专利客体的要求进行比较和分析。

（一）专利客体与公序良俗

所谓公序良俗，是公共秩序和善良风俗的合称，一般理解为某一社会应有的道德准则。[1] 尊重公序良俗现已成为当今各国民法的一般条款。[2]

从以上的简要介绍中可以看出，除美国外，欧洲、日本、我国的专利法，还有TRIPS协议都规定了违反公序良俗的发明为不受专利法保护的客体。

（二）专利客体与实用性

实用性虽然是专利三性（即三项专利实质条件）之一，但大部分国家又都在其专利立法关于专利客体的规定中要求专利客体必须能够

---

[1] 梁慧星．民法总论［M］．北京：法律出版社，1996：257.

[2] 龙卫球．民法总论［M］．北京：法律出版社，2002：59.

“在产业上应用”，也就是要求专利客体必须具有实用性。[1] 因此，实用性与其说是专利三性之一，不如说是区分专利客体与不受专利法保护的客体的一个基本标准。与其他两项专利实质条件不同，实用性决定了可受专利保护的范围在水平方向上的大小。实际上，各国专利法关于另外两项专利实质条件的规定要比实用性的规定具体得多，也说明了专利实质审查中更为重视对新颖性和创造性的审查，而实用性则是一项用于区分专利客体与不受专利法保护的客体的原则。

此外，值得注意的是，《欧洲专利公约》关于“能在工业中应用”的规定除了在与专利客体有关的第 52 条中明文作出要求外，在规范专利实质条件的第 57 条再次重申[2]；日本《专利法》在其第 1 条关于立法目的的规定中明确了专利制度是为了“促进产业的发展”，这可视为其要求专利必须能在产业中应用，其在第 29 条关于专利要件的规定中也重申了专利必须可以在产业上应用；我国《专利法》和 TRIPS 协议，对实用性的解释都是在工业上能够应用。与上述国家和地区不同，美国专利法中没有对实用性作出专门规定的条文，关于实用性的要求是从其第 101 条的规定中推导出来的。[3] 如前所述，第 101 条是关于专利客体的规定。而且，这个被推导出来的实用性是用“useful”一词来表达的。由此可见，美国专利的实用性即 useful 与欧洲、日本等国家专利的实用性即 susceptible of industrial application 显然是不同的，不但用词和含义不同，且其在法律条文中的位置的不同，也说明了立法初衷或对其的重视程度的不同。与欧洲不同，美国专利法中对专利没有 industrial applicability 这一要求，除非将法

---

[1] 我国《专利法》第 22 条和《欧洲专利公约》第 57 条都将实用性解释为能够应用于产业。理论上一般也认为实用性就是能够在产业中制造或使用，参见：张晓都．专利实质条件［M］．北京：法律出版社，2002：3.

[2] 《欧洲专利公约》第 52 条和第 57 条的标题分别为“可以取得专利的发明”和“产业上的应用”，第 57 条紧随规定了新颖性和创造性的第 54 条和第 56 条。

[3] 李明德．美国知识产权法［M］．北京：法律出版社，2002：43.
美国专利法关于新颖性和非显而易见性规定的具体条文分别是第 102 条和第 103 条。

院要求的技术限制等同于 industrial applicability。[1] 但根据美国专利法第 112 条，发明必须为该发明所属的技术领域或与之联系最密切的技术领域的任何技术人员能够制造和使用，这实际上与我国专利法对于实用性的要求是一致的。[2]

（三）专利客体与发明和技术

从上述可知，世界各国的专利法都规定，只有发明才是专利客体。

美国专利法第 101 条尽管用了发明和发现两个词，但根据美国专利法第 101 条的规定，发现包括在发明之中。[3] 美国专利法上述规定使用的"discovery"一词虽然在中文中直译为"发现"，但其本意与中文中的"发现"完全不同，它不是指科学发现，而是指"发现原有技术的新使用方法"。[4] 为了澄清人们对美国专利法中使用的"discovery"的误解，美国法院在 1843 年的克姆伯一案中，特意对发明和发现作了区分，明确指出只有发明才能获得专利。[5] 可见，在美国，只有发明才是专利客体，发现是不能获得专利权的。美国专利法没有揭示专利客体与技术性的关系，但美国法院将"useful arts"解释为与"technological arts"的范围相同。[6] 我国也有学者认为，use-

---

[1] BRADLEY C. WRIGHT. Business method patent: are there any limits [EB/OL]. [2003-11-29]. http://www. jmls. edu/ripl/vol2/issue1/wright. pdf. 所谓法院要求的技术限制是指，在 In re Musgrave 案中 57C. C. P. A. (Pat.) 1352, 431 F. 2d 882 (1970)，法院认为，根据专利法第 101 条，technological arts 属于专利客体，而 technological arts 与 industrial technology 是同义词。

[2] 美国专利法第 112 条是对说明书的要求，其中第一段规定，说明书要包含对发明的书面说明，对制造和使用该发明的方式方法的书面说明，说明的措词要完整、清楚、简明、准确，以该发明所属的技术领域或与之联系最密切的技术领域的任何技术人员能够制造和使用为限。

[3] 美国专利法第 100 条是关于定义的条款，该条（a）明确指出，发明（invention）是指发明（invention）或发现（discovery）。

[4] 郑成思．知识产权法通论［M］．北京：法律出版社，1986：5.

[5] 郑成思．知识产权与国际贸易［M］．北京：人民出版社，1995：346-347.

[6] BRADLEY C. WRIGHT. Business method patent: are there any limits [EB/OL]. [2003-11-29]. http://www. jmls. edu/ripl/vol2/issue1/wright. pdf.

ful arts 代表了技术性的要求。[1]

至于《欧洲专利公约》，无论其绪言，还是后面的第 52 条和第 53 条关于可专利和不可专利的具体规定都明确要求专利保护的是发明，但其并没有对发明作出具体定义。在技术性方面，欧洲专利局审查指南指出，审查员应当注意下面两个隐含在《欧洲专利公约》及其实施细则中的要求：(1) 发明必须是能够由该技术领域的技术人员完成的；(2) 发明在一定程度上必须是技术性的，即必须与一个技术领域（Technical Field）有关，与一个技术问题（Technical Problem）有关，及要求保护的权项必须具有技术特征（Technical Features）。可见，《欧洲专利公约》对专利客体提出了技术性的要求。[2] 而且，从公约第 52 条第 2 款关于非法定发明的列举来看，不能得到专利保护的客体都是抽象概念，或是非技术性的（如美学创作或信息的显示）。而第 52 条第 1 款规定的可获专利保护的发明必须是具体的且有技术性的。

与美国、欧洲不同，日本在专利法中直接规定了发明的本质特征——技术性。日本《专利法》在规定了专利法的保护对象是发明之后，对专利法所指的发明进行了定义，指出发明是利用自然规律所进行的具有一定高度的技术性创造，揭示了发明的本质特征为技术性。

我国《专利法》规定了其所保护的是包括发明、实用新型、外观设计在内的发明创造。根据《专利法实施细则》第 2 条规定，发明和实用新型在本质上都是技术方案。[3] 如果不考虑外观设计，我国《专利法》也要求专利客体必须具有技术性。科学发现与智力活动的规则

---

[1] 张平．论商业方法的可专利性 [J]．网络法律评论，2002 (2)：145.

[2] 《欧洲专利公约实施细则》(European Patent Convention Rule) 第 27 条要求，发明的说明书应当明确发明所属的技术领域。

[3] 我国《专利法实施细则》第 2 条规定，专利法所称发明，是指对产品、方法或者其改进所提出的新的技术方案。专利法所称实用新型，是指对产品的形状、构造或者其结合所提出的适于实用的新的技术方案；专利法所称外观设计，是指对产品的形状、图案或者其结合以及色彩与形状、图案的结合所作出的富有美感并适于工业应用的新设计。

和方法不具有技术性，不构成技术方案，因此被排除在专利保护之外。

TRIPS 协议第 27 条则明确要求专利客体是一切技术领域的任何发明，但其未对技术作出具体解释。

第二节　确定专利客体的基本原则

前述部分通过对各国立法的分析，使我们对主要国家专利立法的宗旨和专利客体的要求有了初步了解；在这部分，让我们从财产权的基本特征和专利制度的宗旨、专利权的性质等角度，从正反两方面来深入探讨确定专利客体的基本原则，揭示法律制度背后的理论基础。应该说，各国专利法关于专利客体的规定应该建立在我们即将探讨的确定专利客体的基本原则的基础上。

一、专利客体的肯定性条件

（一）专利客体的技术性

通过上述对各国专利立法和国际公约的分析，我们可以最先意识到的是，专利客体必须具有技术性。什么是技术？为何只有技术性客体才能受到专利保护？这是我们首先需要研究的问题。

1. 技术的定义

让我们从“技术”一词的来源、有关立法、判例和其他研究成果的角度分析一下技术的定义。

技术（Technology）一词源自古希腊文的 Techno 与 Logy，前者的原意是“（应用于工业）的实用科学”，后者的原意是“系统的学问或理论”。[1] 在中世纪很长一段时间里，技术一般指实践产生、世代相传的经验或技艺。但长期以来，在技术哲学领域，对于“技术是什

[1] 郑成思．知识产权法［M］．北京：法律出版社，1997：55.

么”这一问题一直存有争议。[1] 而在专利法领域，技术是一个事关专利法体系化的重要范畴，它被认为是区分专利权客体与著作权客体的标准，为此，各国专利立法和判例一直在努力为技术作出科学的解释。

《欧洲专利公约》和《欧洲专利局审查指南》没有进一步对技术作出定义。德国联邦最高法院于1969年的红鸽子案判决中对技术概念的阐述具有代表性。在该案中，德国联邦最高法院认为，技术思想是指“以有计划之行为使用可支配之自然力达到因果关系上可预见之结果”，技术手段指可支配的自然力（包括物理、化学、生物学），不包括人类理解活动。虽然德国专利法并未明文规定以技术性作为专利要件，但技术作为区别精神贡献中何者具有可专利性的标准却是德国学说及法院多年来的一致见解，并且具有习惯法的地位。德国法院将技术作为区别人类贡献中的专利权客体与其他知识产权客体的惟一可用的标准，是与德国对知识产权的认识分不开的。在德国，一般认为，特定种类的精神贡献应适用特别针对其制定的一套规定，应尽可能排除不同保护规定间的重复之处。[2]

在美国，宪法赋予国会保护实用技术（Useful Art）领域的发明和发现。实用技术（Useful Art）被解释为与工艺技术（Technological Arts）的范围相同。但对何为实用技术或工艺技术，美国专利立法没有作出规定。美国1996年修改后的《与计算机有关的发明的审查指南》的注7提到了技术之定义：“将科学与工程（Engineering）应用到机器及程序（Procedure）上，以便增进或改善人类之条件，或至少有某些方面改善人类之效率”。[3] 让我们来分析几个与art相关

---

[1] 朱葆伟．技术哲学研究综述［EB/OL］．［2004－09－29］．http：//sf. edude. net/hebei/hbgcxy/peixun/met/lwjj/journal/articledigest10/ji－shu. htm.

[2] 刘孔中，宿希成，寿步．软件相关发明专利保护［M］．北京：知识产权出版社，2001：8－9.

[3] United States Department of Commerce，Patent and Trademark Office. Examination Guidelines for Computer－Related Inventions［EB/OL］．（1996）［2004－11－06］．http：//www. uspto. gov/web/offices/com/sol/og/con/files/cons093. htm.

的英文词语，art 是指历史、文学等人文学科，与科学或科学学科（Science \ Science Subject）相区别；the liberal art 是指文科，liberal 是指（教育）着重于开发智力而不在于专业和技术的需要，technology 是指知识在完成产业中的实际任务的系统应用，technological 是指工艺的。因此，作为专利客体的 technological arts 是指能够应用于产业中以完成具体任务的系统知识。

在《专利法实施细则》将发明定义为技术方案的基础上，我国专利《审查指南》又进一步将技术方案定义为：对要解决的技术问题所采取的利用了自然规律的技术手段的集合。该定义除了"利用了自然规律"的要求外，其他的限定内容，如"技术问题"、"技术手段"，明显具有循环定义的成分。而"利用了自然规律的技术手段的集合"这一要求也被认为无法衡量，理由如下：自然规律的内容是客观的和隐藏的，而且是稳定不变的，是不以人的意志为转移的，它需要人们去探索和发现并用语言表达和界定出来，这是一个从具体到抽象的过程，是一个归纳的过程；而社会技术是人类活动创造的成果，是一个由抽象到具体的过程，它随着时代的进步而不断变化；因此，自然规律没有技术特征，不具有专利性，上述关于技术方案的定义也就是不能成立的。❶ 笔者认为，上述对自然规律和社会技术的界定和分析是合理的，认为自然规律不可专利也是正确的，❷ 但自然规律没有技术特征并不能否定技术对自然规律的利用。

联合国教科文组织专家小组将技术定义为："人类在与自然彼此相互作用时，用来扩展他们肌肉、感觉和智慧的一切手段与方法——在创造文化价值方面起着重要作用。"

《现代汉语词典》认为，技术是指"人类在利用自然和改造自然的过程中积累起来并在生产劳动中体现出来的经验和知识，也泛指其

❶ 贺长元，王曙光．专利审查亟待取消发明定义标准［J］．科技与法律，2003（2）：96.

❷ 美国最高法院在 Diamond v. Chakrabarty 一案中已指出，自然规律、物理现象和抽象观念不具有可专利性。

他操作方面的技巧”。[1]

综上所述，仍然缺乏一个公认的可具操作性的技术的定义。在借鉴上述定义的基础上，笔者认为，技术的内涵应当包括如下内容：

首先，技术是一种知识。这是技术作为专利权客体与其他知识产权客体的共性。知识可分为科学技术知识和文学艺术知识两类，科学技术知识又可以分为科学理论知识和应用技术知识两类。科学理论知识是抽象的，对一般事物的认识，而应用技术知识是具体的，是对个别事物的观察和研究。[2]

其次，作为知识的技术是人们对自己在与自然彼此相互作用中所认识到的自然规律的应用。人们对自然规律的认识属于自然科学理论，而将上述认识应用于生产劳动中，就成为技术。在此，需要把握两点：一是技术以自然科学为基础。以技术作为保护客体的专利法是为“自然科学请求特权的”，[3] 这说明专利法意义上的技术与管理技术、立法技术等社会科学和社会活动中的技术是不同的，能够受到专利保护的技术应当是与自然科学有关的技术。[4] 二是技术应当具有可实施性。技术是将自然科学应用于生产劳动的结果，而应用的判断标准是是否具有可实施性。所谓可实施性，是指能够得以有形体现。如果技术指向的是物品，则该物品能够被制造出来；如果技术指向的是方法，则该方法能够被使用，即在按步骤操作后能够取得预定的效果。

最后，掌握和利用技术的目的在于扩展人自身的体能、感觉和智力，在于提高人们利用自然的能力，使自然更好地为人们服务。如，轮子的发明将人们从单纯靠自身体力运送物品的繁重劳动中解放出

---

[1] 中国社会科学院语言研究所词典编辑室．现代汉语词典［M］．北京：北京外语教学与研究出版社，2002：917.

[2] 李扬．知识产权的合理性、危机及其未来模式［M］．北京：法律出版社，2003：94.

[3] （美）P. D. 罗森堡．专利法基础［M］．郑成思，译．北京：对外贸易出版社，1982：3.

[4] 曾永珠．专利与技术贸易［M］．北京：中国人民大学出版社，1990：3.

来；爱迪生发明了电灯，使人们即使在黑夜也能看清东西，扩展了人们的视觉；而计算机的发明提高了人们的计算分析能力，无疑是扩展了人们的智力。

2. 技术性何以成为专利客体的肯定性条件

在对技术定义达成统一认识的前提下，我们不禁要问，为何将专利客体限于技术，其他的人类智力创造成果为何不应受到专利保护？

首先，从各国专利立法来看，技术性是专利的肯定性条件。

从大多数国家的专利法来看，其立法目的都是为了实用技术的发展。如，美国的专利法是依据美国宪法第1条第8款第8项的“版权与专利条款”制定的，该条规定，“为了促进科学和实用技术的发展，”国会有权“保障作者和发明者在有限的期间内就他们各自的作品和发现享有专有权利。”将有关专利的内容单独分离出来，即，为了促进实用技术的发展，国会有权保障发明者在有限的期间内就他们各自的发现享有专有权利。[1] 如前所述，日本《专利法》的直接目的是保护和利用发明，以促进产业的发展；《欧洲专利公约》的立法目的是为了保护发明，而日本和欧洲专利立法中的发明的本质是技术性创造。我国《专利法》的目的是促进科学技术进步和创新。可见，保护技术，促进技术发展是各国专利法的直接目的。这是技术作为专利客体的肯定性条件的法律依据。

其次，从立法背后的理论基础来看，专利制度的功能决定了技术是专利客体的肯定性条件。

专利制度的产生是建立在经济发展和技术进步的基础上的，而其产生后又极大地激励了人们进行技术发明的积极性。专利制度的根本目的就是为了促进经济的发展，提高人们的生活水平，虽然各国专利法对此没有作出明确规定，但这是不可否认的。[2] 而上述目的的实现的最有说服力的例证就是无数发明创造（如电话、静电印刷术等）为

---

[1] 李明德．美国知识产权法［M］．北京：法律出版社，2002：28.

[2] （日）神保弁吉、市桥 明．发明与专利［M］．魏启学，译．北京：中国财政经济出版社，1980：7.

广大公众所带来的生活舒适和便捷，以及因专利保护技术从而促进经济发展的结果。❶ 鉴于发明创造对于繁荣经济和便利生活具有极其重要的作用，专利制度的直接目的就被规定为保护和利用发明创造。❷因此，从专利制度产生的根源和其目的来看，专利客体应当能够应用于产业，只有这样，专利制度才能起到对经济的促进作用。从专利客体满足人们需要的角度出发，专利客体应当体现在能够满足人们消费需要的产品或服务上，只有这样，才能提高人们的生活水平。这一切都是技术的有形体现。而这一目的是通过授予新发明以专利权从而鼓励发明人公开科学技术上的新发明进而激励人们进行发明创造的积极性这一机制实现的。专利客体只有具有技术性，才能被物化于商品中，才能在产业中被实施，才能被作为私权的客体从而为权利人带来直接的经济利益，进而保证专利制度功能的实现。

第三，从专利保护范围不可过广的要求来看，技术性应当作为专利客体的限制条件。

专利制度的目的是为了通过赋予发明人在一定期限内对其发明创造的垄断权以弥补其进行创新的成本和回报其进行创新的努力，从而激励人们不断进行创新，进而促进经济发展和生活富裕。但是，专利的保护范围不可过广，否则会使创新者与其贡献不相一致，更会妨碍以后的创新活动。而技术性作为专利要件将对专利保护范围起到一定的限制作用，因为技术本身要求能够应用于产业，这就将专利客体与那些对人类社会同样有很大的促进作用但具有指导意义或工具价值的科学研究成果区分开来。

需要指出的是，技术随着时代的进步而不断发展。技术不应被锁

❶ 专利制度能够通过保护和利用技术，促进技术进步，提升产品的性能和质量，从而增强产品的市场竞争力，促进经济的发展。而没有专利制度对技术发明的保护，就会产生相反的后果。1908 年，荷兰在取消专利制度 40 年后，将其对外贸易与美国、法国、德国、意大利和瑞士五国进行对比，结果发现其是制成品出口逐年下降的惟一落后国家，这就是荷兰取消专利制度的后果。见赵元果．中国专利法的孕育与诞生［M］．北京：知识产权出版社，2003：3.

❷ 张玲．专利法理论与实务研究［M］．天津：天津人民出版社，2002：3.

定在专利法被起草的那个时代存在的技术上，随着新科学的发展，技术的定义必须适应时代以覆盖发展了的新技术。[1]

值得注意的是，有人对技术性作为专利客体的要件提出了质疑。内容如下：一方面，由于对技术的定义长期以来存在争议，技术定义的模糊性导致了法律的不稳定性，因为可以通过修改专利申请而将非技术的客体纳入专利保护范围；另一方面，技术性作为专利客体的要件似乎与专利制度的目的不相关，专利法属于经济法，其效力应当通过它所造成的经济成绩来评价，将技术作为判断可否专利的标准不能反映专利制度的经济合理性。[2]

3. 计算机程序与技术性

计算机程序能否作为专利客体一直有争议。尽管越来越多的国家将计算机程序直接或间接地纳入专利保护范围，但仍存在强烈的反对意见。在计算机程序的可专利性没有得到彻底解决的时候，依附于计算机程序的商业方法又提出了专利权的主张，产生了所谓的商业方法专利。如果要解决计算机程序和以计算机程序为实施手段的商业方法的专利客体地位的问题，在确定技术性是专利客体的肯定性条件的情况下，首先就必须回答计算机程序是否具有技术性这一问题。

作为计算机软件的核心，计算机程序是一系列指令的有序的、有机的结合，……其组合以适当的方式被计算机等具有信息处理能力的装置识别、接受，并可以被计算机等具有信息处理能力的装置按照程序设计的要求运行，产生预期的结果。因此，计算机程序是操作、运行计算机必不可少的工具。[3] 计算机程序在一般观念中或在计算机领域从业人员的头脑中是当然被视作技术的，这从普遍使用的计算机技术、信息技术等用语即可得出如上结论。但计算机程序是否属于专利

---

[1] BRADLEY C. WRIGHT. Business method patent：are there any limits［EB/OL］.［2003－11－29］. http：//www.jmls.edu/ripl/vol2/issue1/wright.pdf.

[2] REINIER BAKELS，HUGENHOLTZ. The patentability of computer programs［EB/OL］.［2003－04－01］. http：//www.ivir.nl/publications/other/softwarepatent.pdf.

[3] 李顺德．计算机软件的知识产权保护［J］．电子知识产权，1998（7）：22.

法意义上的技术呢？对此，似乎存在否定的观点。在美国为计算机程序提供专利保护之前的很长时间里，USPTO都坚持认为计算机程序中包含有近似于“自然法则”的数学算法而拒绝计算机程序的专利申请，[1] 这说明USPTO认为计算机程序在性质上是一种自然法则，而不是技术。

计算机程序的设计与编写有赖于人脑的思维，在这个过程中，没有利用自然力；但一旦运行于计算机中，计算机程序的执行则成为独立于人脑之外的客观过程，且该执行过程利用的是电路中的电流这一自然力。在这个意义上，计算机程序当然是技术。即使是在明文排除计算机程序本身作为专利客体的《欧洲专利公约》下，其执行机构欧洲专利局上诉委员会也认为，当计算机程序本身运行于计算机时，产生了技术效果，考虑到公约的排除规定，计算机程序本身的技术效果是不充分专利要件的，因此，计算机程序要想获得专利必须有进一步的技术效果。[2]

（二）专利客体的确定性和可区分性

专利客体的技术性决定了专利客体的客观性和专利保护范围的适度，而确定性与可区分性则是从专利客体作为财产权的客体的角度提出的要求。可区分性，是财产权客体的基本要求，是区分此财产权与彼财产权的前提，在这方面，专利与传统财产权——物权是相同的。在财产权制度的设计上，必须要求财产权客体的可区分性，这是所谓产权清晰的前提。只有这样，才能保证财产交易的有序进行，才能对侵犯财产权的行为作出正确的判断，从而发挥财产制度的有效激励作用。

作为物权的客体，物本身的可区分性是显而易见的，由于物均占据物理空间，单从物的外形上就可以对此物与彼物进行区分，从而对

---

[1] 耿利航．析美国对计算机软件的版权和专利保护［J］．政法论坛，1997（6）：112.

[2] REINIER BAKELS，HUGENHOLTZ. The patentability of computer programs ［EB/OL］．［2003-04-01］．http：//www.ivir.nl/publications/other/software-patent.pdf.

此物权与彼物权进行划分。而专利客体的可区分性却不是那么简单。专利权作为知识产权的一种，其客体也必须具有知识产权客体所具有的基本特征，即无形性。专利客体的无形性体现在其本身是一种知识，这种知识可以书面形式存在，如记载在专利申请文件中，也可以存在于人的头脑中，如存在于发明人和能够将该专利应用于产业的其他人员的头脑中。本质上属于无形知识的专利客体的确定性和可区分性应当体现在其实施结果或过程的可重复再现性。一种知识的实施结果或过程如果不能重复再现，则其不能成为专利客体。不能重复再现说明人们尚未完全掌握其中的自然规律，也就无法应用于产业。

（三）对专利客体肯定性条件的思考

专利客体的确定性和可区分性虽然没有被明确地提出来或被明文规定在法律文件中，但其作为专利客体的肯定性条件是毫无疑问的，因为确定性和可区分性是成为财产权客体的前提。

然而，技术性作为专利客体的肯定性条件则受到了如上所述的置疑。应当说，一方面，从立法上看，尽管美国在有关商业方法专利案中提出了取代技术性的实用性作为专利审查的标准，但长期以来包括美国在内的绝大多数国家还是在立法上将技术性作为专利客体的基本要求；另一方面，从实践来说，受到专利保护的客体都是技术发明，因此，技术性作为专利客体的肯定性要件还是受到立法和实践的肯定的。但是，从专利制度作为经济政策的本质来说，技术性似乎与专利制度的本质和目的不相关，技术并不是惟一能够提高经济成绩的因素。随着科学技术、商业组织和交易的发展，出现了许多影响经济效益的其他因素，且这些因素是能够确定并相互区别的，如产品的生产工序、采购方法、供货方法等等，那么这些因素是否可以作为专利法保护的客体呢？如果不能，是否与专利制度的本质和目的相违背呢？如果能，无疑是以能否促进经济发展、提高经济效率作为判断专利客体的标准，这是与专利制度所追求的经济合理性相一致的。这一点应该说不会受到过多的反对。

但是上述标准显然不能成为判断可否专利的惟一标准。因为，专利客体作为财产权客体，其权利人的权利义务应当是大体相当的，权利人为了创造出受专利保护的客体所付出的努力应当是能够与其从该专利客体所获得的利益相匹配的。专利权作为一种垄断权，具有很强的排他性，专利权人能够从许可他人实施或自己实施该专利中获取利益。因此，能够受到专利保护的客体应当是经过付出相当努力的创造性劳动的结晶。一般说来，科学技术发明需要经过长期科学研究或生产实践的总结，将发明的技术性作为确定专利客体的标准是符合权利与义务的一致性要求的。需要指出的是，也有科学技术发明是偶然做出的。然而，必须承认的是绝大多数发明是发明者创造性劳动的结晶，是长期科学研究或者生产实践的总结。尽管授予偶然做出的发明以专利似乎与作出发明的努力不相称，但这只是个别情况。从总体上说，以技术性作为判断专利客体的标准，还是能够保证权利与义务的平衡的。

作为判断专利客体的肯定性条件，一是应当与专利制度的经济目的相一致，二是要保证专利权人从专利客体获得的回报要与其为创造专利客体的努力（即创新成本）相当。除了上述两点外，专利客体的肯定性条件还包括：(1) 产业应用性，专利客体应能够对客观世界产生作用，从而引起人类生活条件之改善。这是与版权客体的不同之处。版权客体是以其思想内容对人的主观世界产生影响的。(2) 社会成本低。专利是需要经过审查才能确定的权利，因此，某项客体能否作为专利客体还需要从其审查成本角度进行考虑。如果对某项客体进行三性审查的成本很高，远远超过了为该客体提供专利保护所带来的社会效益，则该客体不易作为专利客体。

二、专利客体的否定原则

专利权是一种知识产权，其客体在本质上就是一种知识。显然，不是任何知识都是专利权保护的客体。专利客体必须与专利权的本质、专利制度的目的相符合。如前所述，我们已经了解了有关国家关于非专利客体的规定，还有的国家（如美国）虽然没有对非专利客体作出具体规定，但在专利审查中也形成了自己的经验性规则。在该部分中，我们将结合有关规定和经验性规则深入分析专利客体的否定原则。

（一）抽象思想不可专利原则

这是美国判例法早已明确的原则。在此需要明确的是，专利并不保护抽象思想，而是保护抽象思想的有形体现。我们经常说，知识产权客体包括专利客体具有无形性，专利法保护“构思”这种无形的客体。严格地说，专利法保护的是构思的应用。一种构思必须具有可实施的技术性，才受专利法保护；在此前提下，还需要进一步限定的是，专利法只保护构思的有形体现，如被制造成物，专利法并不限制他人对该构思进行自由思考。思想在人们认识世界和改造世界中发挥着重要作用，活跃的、有创造力的思想在一定程度上代表了人的主观能动性。控制思想将会扼杀人们的创造力，从而阻碍社会的发展。专利制度和版权制度都是为了促进人们的思想交流，激励人们创造出更多、更好的发明和作品，从而促进经济发展和文化交流。为了实现上述目的，专利制度采取的机制是，给予某些思想的有形应用以一定期限的独占权，从而换取这种思想的公开披露。这种思想公开后，任何人都可以对其进行自由思考，都可以在此基础上进行更深入的发明创造活动。可见，专利制度是鼓励思想交流的。同样，版权制度也不保护思想，它只保护思想的具体表达方式。❶

（二）思维步骤不可专利原则

所谓思维步骤（mental steps），在这里当然是指人大脑执行的思维步骤、方法、规则等，也就是指由人大脑执行的智力活动。《欧洲专利公约》和我国《专利法》都明文规定智力活动的规则和方法不受专利保护。根据我国专利《审查指南》的规定，智力活动，是指人的思维运动，它源于人的思维，经过推理、分析和判断产生出抽象的结果，或者必须经过人的思维运动作为媒介，间接地作用于自然产生结果，它仅是指导人们对信息进行思维、识别、判断和记忆的规则和方法，由于其没有采用技术手段或者利用自然规律，也未解决技术问题

❶ （美）P. D. 罗森堡．专利法基础［M］．郑成思，译．北京：对外贸易出版社，1982：3.

和产生技术效果，因而不构成技术方案，从而不能被授予专利权。笔者认为，思维步骤不可专利理由主要在于：(1) 人的大脑进行智力活动时所遵循的思维步骤不可摆脱人的主观影响，而该主观影响致使智力活动的结果具有很大的不确定性，即因人、因地、因时而异，这与专利客体的客观性和稳定性是相冲突的，而且人的思维活动本身之极其复杂性和难于从外界判断的特点也决定了其无法成为专利客体；(2) 思维步骤是人们进行智力创造活动的规则，在科学研究活动和处理人类事务中起着工具性的作用，如果为思维步骤提供专利保护，将会限制人们进行智力创造的自由，这与专利法鼓励创新的目的是相背的。

应该说，人们在进行技术发明创造时，毫无疑问也需要有智力活动和投入，但专利法对技术发明进行专利保护，并不意味着要对创造出技术发明的智力活动本身进行保护。在现实生活中，思维步骤不仅在技术创造中发挥重要作用，而且在处理社会科学问题和人类活动中也意义重大。虽然说思维步骤受人的主观判断力的影响，但在长期的实践中，还是形成了公认的在提高效率改善条件方面的比较稳定的思维规则，这些规则有时甚至被接受为社会生活的一般制度。会计上的复式记账法就是一个很好的例子。[1] 复式记账法本身是一种思维步骤，是一种能够被明确陈述的稳定的思维步骤。尽管如此，复式记账法也不能受到专利保护，因为其思维步骤的本质决定了其是经济活动的工具，专利法是不应当为如此之广的权利要求提供专利保护的。

美国专利法对思维步骤的可专利性没有作出规定，但思维步骤学说作为排除思维步骤作为专利客体的理论支持却曾经被美国法院所采用。在 In re Heritage 和 In re Abram 等美国法院的决定中，美国法院认为单纯智力行为不是专利法保护下的正当客体，并肯定了专利局以权利请求陈述了思维概念为由驳回申请的决定。后来的 In re Musgrave 案

[1] 复式记账法，是指对每一笔经济业务，都以相等的金额，同时记入两个或两个以上相互关联的账户的一种记账方法。作为记账方法，有“单式记账”、“复式记账”等。

使思维步骤学说受到了怀疑。该案涉及一种在地震探测中校正信息的方法专利申请，在其专利说明书中披露了该方法可通过计算机执行。专利局以该方法的某些或所有步骤都可以通过人脑执行（或在执行该方法中人的思考是必要的）为由认为权利指向的是非法定的思维步骤，从而驳回了该申请。法院对此持不同意见，指出，一系列操作步骤成为专利法第 101 条下的方法（Process）的必要条件是它应该是工艺技术（Technological Arts），这样才能与宪法促进实用技术（Useful Arts）的目的相一致。[1] 在该案中，法院与专利局考虑问题的角度显然不一样，法院是从方法本身的技术性来肯定其的专利客体地位的，而专利局则是从人脑也可执行该方法的角度来否定其可专利的。由于法院否定了专利局的决定，有人就认为，In re Musgrave 案意味着法院对思维步骤不可专利原则的放弃或否定。笔者认为，思维步骤不可专利原则应当予以坚持。在这里，思维步骤的限定条件是由人脑执行。In re Musgrave 案中的方法能够由计算机执行，这说明该方法已不是思维步骤，这一方法因为计算机的执行而具有了技术性，得以客观化、具体化，也因此被限制了使用的领域，不至于保护范围过宽，因此，其应当成为专利客体。

日本《专利法》和审查指南没有对思维步骤不可专利作出明确规定，但由于日本规定了发明必须是利用自然规律所进行的具有一定高度的技术性创造，人的智力活动显然没有利用自然规律，因此也就不可能是专利法意义上的发明。

（三）个人技能不可专利原则

个人技能是个人在实践中经由经验获得的知识，它虽然可以外现于个人的行为步骤中，但由于它是直接通过人的大脑指挥得以执行的，具有一定的主观性。它或者属于隐性的知识，即只可意会，不可言传；或者虽可言传，但在操作中极易受主体的个体差异的影响，从而无法保证其的客观性和稳定性。因此，个人技能不能成为专利

[1] BRADLEY C. WRIGHT. Business Method Patent: are there any limits［EB/OL］.［2003-11-29］http://www.jmls.edu/ripl/vol2/issue1/wright.pdf.

客体。

对于个人技能能否成为专利客体的问题，各个国家的立场是不同的。在美国，也有人主张诸如运动技巧、理发方法等类似的个人技能不应成为专利客体，如有人认为，“精湛的手艺，无论它能怎样增强效能、扩大使用或降低成本，也不能获得专利。”❶但除了国会的一个提议要求对此类专利申请进行限制外，当前美国立法中并没有个人技能专利客体除外规定，而且，USPTO 还授予了许多有关个人技能的专利。❷

明文对个人技能不可专利作出规定的是加拿大专利局。该局在解释其专利法时将完全依赖个人技能的方法或方法的产品（如绘画、演奏乐器等）排除在可专利客体之外。这与《加拿大专利法》关于发明的定义有关。《加拿大专利法》关于发明的定义与《美国专利法》非常相近，不同之处在于，前者包括一个排除规定，即，技术（Art）必须在物质客体的性质或条件上完成某种变化，任何属于专门职业领域（Professional Fields）的技术或手工技术或技能（a Manual Art or Skill）都不是专利法意义下的技术。❸ 在日本，也有人以个人技能不是技术思想为由建议将个人技能作为非法定发明排除出专利客体范围。❹ 我国台湾地区也有学者建议将个人技能排除在技术或技术思想之外，从而也就无法成为专利客体。❺ 在我国，《专利法》虽然没有明文规定个人技巧不受专利保护，但在专利《审查指南》关于不能被授予专利权的“智力活动的规则和方法”的列举中，实际上也提到了

❶ （美）P. D. 罗森堡．专利法基础［M］．郑成思，译．北京：对外贸易出版社，1982：57.

❷ BRADLEY C. WRIGHT. Business Method Patent：are there any limits［EB/OL］.［2003 - 11 -29］. http：//www. jmls. edu/ripl/vol2/issue1/wright. pdf.

❸ Utility and non - statutory subject matter［EB/OL］.［2003 - 11 -29］. http：//strategis. ic. gc. ca/sc _ mrksv/cipo/patents/mopop/ch16 - e. pdf .

❹ Draft revised examination guidelines for industrially applicable inventions［EB/OL］.［2004 - 11 - 02］. http：//www. jpo. go. jp/iken _ e/pdf/feedback _ 121102 _ 1. pdf.

❺ 刘孔中，宿希成，寿步．软件相关发明专利保护［M］．北京：知识产权出版社，2001：104.

个人技能，如教学、授课、训练和驯兽的方法等。

（四）纯粹表达性作品不可专利原则

该原则实质上涉及专利客体与版权客体的划分标准问题。专利与版权作为不同的知识产权制度，其客体在本质上都是人类智力活动创作的成果，都有无形性和可复制性的特点。其不同之处在于，专利客体作为工业产权的客体，[1] 必须具有产业应用性和技术性，必须具备产业上的实用效果，从而能够改善人类的外在条件；而版权客体则必须是表达性的作品，它通过文字、声音、颜色、形状和动作等向人们传递着一种信息，从而给人以思想交流和精神享受。作为专利客体的技术发明与作为版权客体的作品，虽然同为智力活动创作成果，却为其提供了不同的权利保护，人们一般认为这是由于二者被创作的目的的不同决定的。进行专利客体创作活动的目的在于促进经济发展，改善人类生活之条件，而进行版权客体创作活动的目的在于促进文化和科学的发展和繁荣。然而，从更深层次进行考量，技术发明和作品本身的性质也决定了应采用不同的权利保护。如果对作品采取专利保护，将会存在如下问题：（1）对于文字作品来说，权利人会将作品的全部表达列为权利要求，或将作品的思想内容高度概括为权利要求，前者将会导致专利文件堆积如山，实不可行，后者将会造成对作品背后的抽象思想的控制，从而阻碍思想交流；（2）对于本质在于表达、价值在于思想交流和精神享受的作品是无法审查其创造性的。对一部作品的评价往往是众口纷纭，褒贬不一，而对技术发明的评价一般是能够统一的。因此，技术发明能够通过审查来认定其是否应当受到专利保护，而对于作品的审查则不现实，且成本高昂。为作品提供版权保护，让其无须审查即自动享有版权，至于其本身的优劣交给自然选择，蹩脚的作品自然不受市场欢迎，被侵权的可能性也大大降低，[2]

[1] 工业产权不仅与工业有关系，而且与农业、水产业、采矿业等其他产业也有关系，因此，称之为产业产权可能更为合适。

[2] 李琛．法的第二性与知识产权概念［G］//李琛．知识产权片论．北京：中国方正出版社，2004：6.

这样更能促进优秀作品的产生。

需要强调的是，作品只有在其本质纯粹为信息的表达时，才不受专利保护。一般来说，作品的本质在于表达，但随着科技和经济的发展，有些作品也能够发挥功能性的作用。最为典型的例子莫过于计算机程序了。对于这类作品的保护则不能简单地将其排除在专利客体之外。

对于纯粹表达性作品不可专利原则，欧洲、日本等地区或国家在其专利立法或审查指南中进行了规定，[1] 美国的司法解释中也形成了所谓的印刷品规则（Printed - Matter Doctrine）。[2]

（五）不得违反公序良俗的原则

所谓公序良俗是指公共秩序和善良风俗。尊重公序良俗是现代民法的一项基本原则，专利权作为私权的一种，对其的规范自然也应当遵守该原则。该原则在专利法中的具体体现就是，违反公序良俗者不可专利，对此勿需特别说明。

从前述可知，大部分国家和地区的立法（包括 TRIPS 协议）都明文规定违反公序良俗的发明不能获得专利保护。我国《专利法》第 5 条规定，对违反国家法律、社会公德或者妨害公共利益的发明创造，不授予专利权。在此的“社会公德”就相当于善良风俗，“公共利益”就相当于公共秩序。而与 TRIPS 协议以及许多国家有差异的是，我国《专利法》还将违反国家法律的发明创造排除在专利客体之外。根据我国专利《审查指南》关于违反国家法律情形的列举，可以说，违反了国家法律往往就是违背了民事生活中的普遍公认的行为准则，只不过这些行为准则已经上升为国家法律的形式。[3] 但为了适应

[1] 如前所述，欧洲专利公约规定，信息的表达不属于发明；日本工业应用发明审查实施指南规定，信息的单纯表达是不可专利的客体。

[2] （美）P.D. 罗森堡．专利法基础［M］．郑成思，译．北京：对外贸易出版社，1982.

[3] 根据我国专利《审查指南》，用于赌博的设备、机器或工具；吸毒的器具；伪造国家货币、票据、公文、证件、印章、文物的设备等都属于违反国家法律的发明创造，不能被授予专利权。

我国加入世界贸易组织的需要，进一步消除我国《专利法》与TRIPS协议之间的差别，现行的《专利法实施细则》第9条对《专利法》第5条所述的“违反国家法律”又作了限制性解释。该条规定，专利法第五条所称违反国家法律的发明创造，不包括仅其实施为国家法律所禁止的发明创造。也就是说，如果仅仅是发明创造的产品的生产、销售或使用受到国家法律的限制或约束，则该产品本身及其制造方法并不属于违反国家法律的发明创造。例如，以国防为目的的各种武器的生产、销售及使用虽然受到国家法律的限制，但这些武器本身及其制造方法仍然属于可给予专利保护的客体。

尊重公序良俗原则作为现代民法的基本原则，是为了弥补民事立法禁止性规定的不足而产生的，因为立法当时不可能预见到民事生活中一切损害国家利益、社会公众利益和普遍道德观念的行为。在专利法领域坚持专利客体的不得违反公序良俗原则同样具有重要意义。我们知道，知识产权权利人与社会公众利益的平衡是知识产权制度中所必须坚持的。在不可专利的具体指导规则不足的情况下，在专利审查和效力认定中坚持不得违反公序良俗原则将为专利质量提供强有力的制度保障。

第四章 商业方法与专利实质条件

在专利审查实践中，一项发明要想取得专利必须经过两道门槛，第一道门槛是该发明是否属于专利法规定的法定客体，第二道门槛是该发明是否符合专利法规定的其他具体条件，如新颖性、创造性、实用性等，即专利实质条件。然而从理论和立法角度考虑，在确定一项发明的专利客体地位之前，也要考虑到对其进行专利实质条件审查的问题。这是因为，专利权不是随着专利客体的产生而自动产生的，专利权的取得必须经过专利实质审查，专利审查的存在决定了专利客体的确定和专利权的取得存在操作上是否可行和经济上是否合算的问题。如果将某类发明确定为专利客体，但在对其中的某项具体发明进行专利实质条件审查时，却面临审查成本过高等问题，以致于将其确定为专利客体所获得的收益抵不过将其确定为专利客体所带来的成本，在这种情况下，从整体和全局考虑，不易将此类发明确定为专利客体。

具体到商业方法发明来说，商业方法发明的可专利性问题同样是个复杂的、需要全面考虑的问题，而不仅仅是单纯的专利客体地位问题，也就是所谓的专利适格性问题。科学地完整地解决商业方法发明的可专利性问题，还必须深入地研究商业方法发明的新颖性、创造性和实用性的审查要求和标准。前章论证了专利客体的确定原则，为分析商业方法的可专利性奠定了基础，本章将从专利实质审查方面对商业方法专利进行分析，并对商业方法的可专利性作进一步思考。

第一节 专利实质条件的内容和关系

一、专利实质条件的内容

专利实质条件包括新颖性、创造性和实用性，这是各国专利立法对要取得专利的发明所必须满足的条件作出的规定。有关新颖性、创造性和实用性的完整概念，最早是欧洲一些国家在讨论统一各国专利法的可专利性条件过程中确定下来的。[1]《欧洲专利公约》第52条第1款规定，欧洲专利应授予能够在工业上应用的（Susceptible of Industrial Application）、新颖的（New）和有创造性（Not Obvious）的任何发明。美国、日本等国将专利实质条件表述为新颖性、实用性和非显而易见性，其中的非显而易见性实际上就等同于创造性。我国《专利法》第22条规定，授予专利权的发明和实用新型，应当具备新颖性、创造性和实用性。TRIPS协议第27条第1款明确规定："一切技术领域的任何发明，无论产品发明或方法发明，只要其新颖、包含创造性并可付诸工业应用，均应有可能获得专利。"该款的注释同时指出，本条所指的"创造性"及"可付诸工业应用"，与某些成员国使用的"非显而易见性"、"实用性"系同义语。可见，各国专利法关于专利实质条件的要求基本上都包括新颖性、创造性（或非显而易见性）和实用性（或产业应用性）三个方面。

二、专利实质条件的关系

在我国，一项发明要想取得专利，必须通过新颖性、创造性和实用性的审查。从立法原则和专利审查过程来看，上述三性的审查在时间或逻辑顺序方面存在一定的关系。对于实用性来说，应当在审查新颖性和创造性之前首先进行判断。根据我国《专利法》，申请人所提交的专利申请所要满足的实用性要求是指，申请专利的技术方案必须在产业上能够制造或者使用，并且能够产生积极效果。如果申请人所提交的专利申请不具备实用性，在这种情况下，若申请人针对专利申请不具备实用性的问题对原申请文本进行修改或者补充，则必然会导致修改超出原说明书和权利要求书记载的范围，这是我国《专利法》第33条所不允许的。而且，如果发明缺乏实用性，审查员就可以直接得出不授予专利权的结论，无需进行大量的检索工作以判断新颖性和创造性，这样可以节约审查成本、缩短审查时间。因此，当专利申

[1] 文希凯，陈仲华．专利法［M］．北京：中国科技出版社，1993：88.

请不具备实用性时，进行新颖性、创造性的审查是不必要甚至是不可能的。❶

专利申请在具备实用性之后，还必须进行新颖性和创造性的审查才能取得专利。之所以要求专利申请必须具有新颖性，是因为专利制度的目的就是为了通过技术公开和推广应用以促进科技进步创新。如果作为专利申请的发明创造，已为公众所知晓，就没有必要授予专利了。既然要进行新颖性的判断，就存在对比对象的问题。根据我国《专利法》第22条第2款，新颖性审查应当以专利申请作为判断对象，以在先技术和可能构成抵触申请的专利申请作为对比对象，对两方进行分析比较，从而判断专利申请是否与在先技术或可能构成抵触申请的专利申请相同。在进行新颖性审查之后，才能进一步判断创造性。因为新颖性涉及的是有无区别的问题，而创造性则关系到区别大小的问题。为了取得专利，专利申请仅仅与在先技术有区别还是不够的，这种区别还应当达到一定程度，使专利申请具备创造性。因此，从时间和逻辑上来讲，新颖性审查应当在创造性审查之前进行，新颖性审查构成了创造性审查的基础和前提。

综上，尽管对于任何一项专利来说，专利的三项实质条件是一个有机的整体，缺一不可，但在进行专利审查时，三者却应当遵循科学的合理的顺序，即按照实用性、新颖性和创造性的先后顺序进行审查。应该说，在专利三性审查中，从难易程度上看，实用性是相对容易的，因为实用性的审查不需要将专利申请与在先技术进行对比分析，单纯就专利申请本身就可以作出判断，但专利审查实践中仍有许多不具有实用性的专利申请存在，仍然需要认真审查；新颖性的审查相对实用性来说较难，它需要进行在先技术和抵触申请的检索，需要确定专利申请与在先技术和抵触申请之间是否存在区别；创造性的审查是最难以掌握的，因为创造性的审查与实用性、新颖性的审查一样，都是由专利审查员进行的，但由于三者本身的客观稳定性不同，决定了实用性、新颖性的判断由审查员基于自己的知识和能力作出就

❶ 张清奎．专利审查概说［M］．北京：知识产权出版社，2002：309.

能够保证判断结果的客观统一，创造性的审查却非如此。在创造性审查中，虽然实际判断是由人进行的，但得出是否具备创造性的结论，并不是基于判断者自己的实际知识和能力，而是基于所属技术领域的技术人员的知识和能力。这就决定了创造性审查的难度较大。此外，新颖性审查坚持的是单独对比原则，即判断新颖性时，应当将专利申请的各项权利要求分别与每一项在先技术的相关内容单独地进行比较，或者与可能构成抵触申请的专利申请的相关内容单独地进行比较，不允许与数项在先技术内容的组合进行对比，也不允许与数项可能构成抵触申请的专利申请内容的组合进行对比。也就是说，在对专利申请进行新颖性审查时，不允许把数份对比文体组合起来、或者把一份对比文件中的多项技术方案或多个实施例组合起来，与一项权利要求进行对比，除非对比文件对这些内容的组合给出了明显的暗示。[1] 而创造性的判断是相对于整个在先技术进行的，是否具备创造性的判断的结论是在考虑不同的技术内容组合的可能性后得出的。从这一点来说，创造性的判断相对于新颖性来说比较难。

第二节　商业方法发明与实用性审查

一、实用性的立法规定和理论基础

（一）各国专利法关于实用性的规定和比较分析

实用性（Practical Applicability），又叫产业应用性（Industrial Applicability），不仅是专利三性之一，而且也是区分专利客体与不受专利法保护的客体的一个基本标准。[2] 许多国家在其专利立法关于专利客体的规定中都明文要求专利客体必须能够“在产业上应用”，也就是要求专利客体必须具有实用性。《欧洲专利公约》第 52 条第 1 款规定，发明只有具有产业应用性才能被授予专利权，第 57 条则进

---

❶ 张清奎．专利审查概说［M］．北京：知识产权出版社，2002：268.

❷ 详见本书第三章。

一步规定，如果一项发明在包括农业在内的任何产业中能够被制造或者使用，它就应当被认为是具有产业应用性。《日本专利法》第29条规定，任何在工业上应用的发明都可以获得专利保护。我国《专利法》第22条规定，实用性是指该发明或者实用新型能够制造或者使用，并且能够产生积极效果。制造或使用应当被认为是在产业上应用的同义语，而积极效果是许多国家所没有要求的。TRIPS协议对实用性的解释是在工业上能够应用。

与上述国家和地区不同，美国专利法中对专利客体没有industrial applicability这一要求。国内学者一般认为美国专利法第101条是关于实用性的规定，或者说关于实用性的要求是从该条推导出来的，[1] 该条规定专利客体应当是实用的（Useful）。实际上，美国现行专利法中除了第101条外，第112条也提到了实用性要求。[2] 根据第112条，发明必须为该发明所属的技术领域或与之联系最密切的技术领域的任何技术人员能够制造和使用，这实际上与我国《专利法》对于实用性的要求是一致的。可见，美国专利法中的实用性要求有两层含义，首先，实用的也就是有用的，就是发明能付诸于某种可取得收益的运用，其应用是有益的，是道德和政策所不反对、不禁止的；其次，实用性与仅有科学研究效用的“有用性”不同，它还要求必须能够在实际中得到应用。[3] 对于这两层含义，美国专利法、专利审查和司法实践更为强调第一层含义，尤其是在近年来有关商业方法专利的司法实践中，美国将“实用的、具体的和明确的”作为专利的本质特征，此处的“实用的”就是指“有用的”。

（二）实用性的含义和理论基础

从以上各国关于实用性的立法规定可以看出，各国均将实用性作为能够取得专利的条件之一。在此，我们有必要深入了解实用性要求

---

[1] 李明德．美国知识产权法［M］．北京：法律出版社，2002：43.
张晓都．专利实质条件［M］．北京：法律出版社，2002：4.

[2] （美）P.D. 罗森堡．专利法基础［M］．郑成思，译．北京：对外贸易出版社，1982：118.

[3] 同上，第121页。

的含义和理论基础。

1. 实用性的含义

作为专利三性之一的实用性，各国在实用性就是产业应用性这一点上是一致的。实用性首先要求发明不能是纯理论的，要求发明必须能够在实践中实现。假如该发明是一种产品或产品的部件，该发明必须能够被制造出来；假如该发明是一种方法或方法的一部分，该方法必须能够在实践中使用。具体地说，专利产品能够被批量生产出来，而专利方法能够被重复使用，也就是要求专利客体应当能够被重复实施，或者能够重复再现。❶

对于美国专利法所要求的有用性，笔者认为，有用性是从价值方面进行的判断，不应当属于实用性的内容，实用性应当是相对于纯理论而言的，是为了保证发明能够在产业中应用，而在产业中应用就必须能够重复实施，因此，不能从是否有用方面来强调实用性。

我国《专利法》对实用性的要求还包括产生积极效果之意。对于积极效果，许多国家的实用性条款中对此并没有提出要求，我国有学者认为，积极效果可以用来判断专利申请的创造性，且专利申请是否能为申请人带来技术优势和经济益处应当由当事人自己判断，因此主张不应将积极效果作为实用性的要求。❷ 笔者持相同意见。

2. 实用性的理论基础

专利为何必须具有实用性？这是专利制度的一个基本问题。从理论上说，之所以要求专利具有实用性是为了使专利权垄断的范围不至于太宽。

实用性并不是知识产权客体的普遍属性。作品作为版权客体，并不要求其具有实用性。发明作为专利客体，实用性则是其获得专利的必要条件之一。之所以将专利客体限于具有产业应用性的发明，理由如下：首先，这是从专利制度目的进行的考虑。专利制度的目的是为了通过技术创新来促进经济的发展，提高人们的生活水平，而这一切

---

❶ 张清奎. 专利审查概说［M］. 北京：知识产权出版社，2002：311.

❷ 张晓都. 专利实质条件［M］. 北京：法律出版社，2002：10.

都体现在独立于人类本身的各种物品和方法，这些物品和方法应当可被重复制造或使用，才能使人们普遍享有其带来的便利。其次，这是为了在可以得到专利保护的应用性研究成果与不能得到专利保护的属于人类共有知识的基础研究成果之间划一条界线。❶ 基础研究成果无疑比应用性研究成果发挥作用的领域要广大得多，它是许多不同领域和内容的应用性研究的前提和基础，对基础研究成果给予专利保护，显然会影响到基础研究背后广泛的应用领域里的科技发展，这不仅阻碍科学发展的整个领域，损害社会公共利益，而且让专利权人垄断基础知识，也与其对社会的贡献不相称。最后，专利客体的实用性要求也决定了专利权的基本内容是以制造权和使用权为主要内容的实施权。无法在产业上制造或使用的发明是不能得到专利保护的。

需要指出的是，专利法意义下的实用性强调的是发明在产业中的重复再现性。然而，随着科技的发展，许多发明虽然具有重复再现性，但应用范围还是过于广泛，对这些发明给予专利保护，显然会使发明人的垄断权利过宽。在这种情况下，有些国家采用了让发明人指定发明的应用领域或具体用途来限制专利权的保护范围，如美国在 1972 年的 Gottschalk v. Benson 案中，虽然系争专利申请（即一项利用数字计算机将 BCD 码转换为纯二进制码的方法）是可重复再现的，但由于其试图覆盖所有的已知和未知的该转换方法的应用而被法院驳回；再如，在美国联邦最高法院解释实用性条件最重要的判例即 Brenner v. Manson 案中，系争专利申请是一项关于制造已知类固醇的方法，专利局以专利申请没有公开由其方法制造的化学物质的任何用途为由拒绝授予专利，关税与专利上诉法院推翻上述决定，最高法院则支持了上述决定。最高法院指出，在化学领域中一项没有完成开发没有指出特定实用性的专利权会造成对知识的垄断。❷ 在该案中，系争的方法是能够重复实施的，但最高法院仍然以该方法没有指出特定实用性（实际上就是指用途）为由驳回了申请。这样，实用性的要

❶ 张晓都．专利实质条件［M］．北京：法律出版社，2002：18.

❷ 张晓都．专利实质条件［M］．北京：法律出版社，2002：16.

求中就包含了具有对社会实实在在的用途之意。[1] 这实际上是通过赋予实用性以更丰富的含义来进一步平衡专利权人的利益和社会公众的利益，以防止专利垄断权的范围过宽，以致专利制度起不到促进技术创新的作用。

二、商业方法发明的实用性审查

根据我国《专利法》对于实用性的要求，商业方法发明的实用性审查要从两个方面进行：一是能否制造或使用，这意味着商业方法发明必须具有操作性和重复再现性，能够被重复实施；二是能否在电子商务领域产生积极效果或商业收益。[2] 根据欧洲和日本专利立法对实用性的要求，商业方法发明的实用性审查应当看其是否能够在产业上应用。而根据美国专利立法和审查实践对实用性的要求，商业方法发明的实用性审查，应当以是否产生“实用的、具体的和明确的结果”（即专利的本质特征——实用效果 practical utility）作为判断标准，美国 CAFC 在 State Street Bank & Trust Co. v. Signature Financial Group，Inc 案和 AT&T Corp. v. Excel Communications，Inc 案中所确认的商业方法专利就是因为能够产生实用的、具体的和明确的结果而得到司法肯定的。美国的上述做法被认为是将专利审查的重点从技术性（Useful Arts）转向了实用性（Practical Utility），这样就意味着公司的经营策略、管理方针、投资模式等原本属于“抽象概念”或“智力活动规则”的客体，通过与计算机等相结合而获得专利保护。[3] 可能是由于美国 CAFC 在上述判例中十分强调实用性，而没有深入论述系争专利的新颖性和创造性，我国有学者因此认为美国非常重视商业方法发明的实用性要件，甚至有将其凌驾于创造性之上的

[1] 张晓都．专利实质条件［M］．北京：法律出版社，2002：18.

[2] 郑友德，伍春艳．论商业方法的专利保护［EB/OL］．［2004－09－29］http：//www.netlawcn.com/second/content.asp？no＝447.

[3] 张平．论商业方法的可专利性［J］．网络法律评论，2002（2）：145.

趋势。[1]

笔者认为，对于商业方法发明进行实用性审查，应当把握以下几点：

（1）实用性审查应当与其他两项实质条件审查同等对待。包括实用性、新颖性和创造性在内的三项专利实质条件是一个有机的整体，缺一不可，尽管三者存在审查顺序的先后和审查难度的大小，但不应当过分强调其中的一项，而忽视其他几项，因为这三项条件从不同的侧面保证了专利权人的利益与社会公众利益之间的平衡。

（2）实用性的审查内容应当着眼于商业方法能否在产业上应用，能否重复再现。传统的、没有借助技术手段实施的商业方法被认为属于智力活动规则，其实施无法摆脱人的主观影响，而该主观影响致使传统商业方法的结果具有很大的不确定性，无法保证其实施的重复再现性，这与专利客体的客观性和稳定性是相冲突的，因此，传统商业方法是不受专利保护的。而借助于计算机和网络技术或者其他技术手段实施的商业方法，其思想内容被固化在物理系统和设备上。此类通过物理系统和设备固定和体现的商业方法，一般是能够满足重复再现的要求的，对其进行产业应用性审查是容易操作的。而此类申请一般被冠之以方法的名称，实质上是操作该物理系统和设备的方法和步骤。因此，以计算机和网络技术或者其他技术手段实施的商业方法发明是比较容易满足实用性要求的。也正是借助于现代技术手段，商业方法发明才具备了实用性，并提出了专利保护的要求。

第三节　商业方法发明与新颖性审查

一、新颖性的立法规定和理论基础

（一）新颖性的立法规定

美国专利法第101条和《欧洲专利公约》第52条关于专利客体的

---

[1] 郑友德，伍春艳．论商业方法的专利保护［EB/OL］．［2004-09-29］．http：//www.netlawcn.com/second/content.asp? no=447.

规定都明确指出了能够授予专利的发明都必须是新的（new），是否属于新的是指发明是否具有专利法所规定的新颖性。各国专利法对新颖性的具体规定存在一定的差异，随着各国的经济技术交流与合作的加强，以及国际专利保护的加强，该差异将会越来越小。

我国《专利法》第22条第2款规定："新颖性，是指在申请日以前没有同样的发明或者实用新型在国内外出版物上公开发表过、在国内公开使用过或者以其他方式为公众所知，也没有同样的发明或者实用新型由他人向国务院专利行政部门提出过申请并且记载在申请日以后公布的专利申请文件中。"

美国专利法第102条从专利法的意义上对新颖性作出了规定，该条题目为"可获得专利的条件；新颖性及获取专利的权利的丧失"，全文内容如下：

"有下列情况之一者无权获得专利：

(a) 在专利申请人做出发明之前，该发明在本国已被他人所知或被他人所用，或在本国或外国已获得专利或已在出版物上刊登；

(b) 在美国申请专利前一年以上，该发明已在本国或外国获得专利或已在出版物上刊载或已在本国公开使用或出售；

(c) 发明人已放弃其发明；

(d) 申请人或其合法代理人或受让人已先在国外就该发明获得专利或使他人获得专利，或取得发明人证书；或其在国外提出专利申请或发明人证书申请的日期，早于在美国提出申请的日期十二个月以上；

(e) 他人已先于申请人在美国提出并获得专利的申请案中陈述了发明，或他人已先于申请人在其国际申请案中陈述了发明，所说国际申请案的申请人履行了本《专利法》第371条c款中(1)、(2)、(4)项的规定；

(f) 申请人所申请的主题不是他本人的发明；

(g) 在申请人做出发明之前，已有别人在本国做出了同一个发明，他并未放弃、隐藏或隐瞒自己的发明。在确定发明的优先权时，不仅应考虑每个人的发明设想的形成日期及其将设想实现出来的日期，而且应考虑，首先形成设想而最后实现设想的人在别人形成发明设想之前所付出的合理劳动代价。”[1]

《欧洲专利公约》第54条规定：如果一项发明不是在先技术的组成部分，该发明就被认为具有新颖性。在先技术被定义为：通过书面或口头描述的方式、通过使用或者任何其他方式在提交欧洲专利的申请日之前公众可以获得的所有东西。另外，在该专利申请日之前提交的而在该申请日之后或以后公开的欧洲专利申请中的内容也被认为是在先技术的组成部分。[2]

日本《专利法》第29条第（1）款对专利的新颖性要件做出了规定：做出产业上可以应用的发明的，除以下所列的发明以外，可以就其发明享有专利：（1）专利申请前已在日本国内或国外为公众所知的发明；（2）专利申请前已在日本国内或国外公开实施的发明；（3）专利申请前在日本国内或者外国出版的刊物上已有记载的发明，或公众通过电信线路可以利用的发明。[3]

新颖性审查涉及专利申请与什么相比是新颖的问题。通过上述各国关于新颖性的规定可知，新颖性审查就是以专利申请作为判断对象的一方，以在先技术或可能构成抵触申请的专利申请作为对比证据的一方，进行比较分析，判断其技术内容是否相同的过程。而在先技术的确认需要考虑时间、地点、公开方式等具体条件。通过对上述各国有关新颖性的规定进行分析可知：

（1）技术知识在什么时间公开才能使其成为在先技术的组成部分，对于这个问题由于时间划分界限的不同而存在两种标准：一种是美国采用的以完成发明时间为确定发明新颖性的时间标准，即所谓的先发明制，该种制度旨在将专利权授予先完成发明创造的人；另一种是其他大多数国家采用的以申请日作为判断新颖性的时间标准，即所谓的先申

[1] （美）P.D.罗森堡．专利法基础［M］．郑成思，译．北京：对外贸易出版社，1982：88.

[2] 张晓都．专利实质条件［M］．北京：法律出版社，2002：68.

[3] 杜颖，易继明，译．日本专利法［M］．北京：法律出版社，2001：12.

请制，我国采用的就是先申请制。

(2) 技术知识在什么地域范围内公开才能使其成为在先技术的组成部分，对于这个问题由于地域划分界限的不同而使新颖性存在以下三种类型：第一种是绝对新颖性标准，即公开地域可遍及全世界，一项技术在全世界范围内的任何地方以任何方式公开都构成在先技术。第二种是相对新颖性标准，即公开地域仅限于本国境内，一项技术只有在本国不论以任何方式公开才构成在先技术。第三种是混合新颖性标准，属于前两种的折衷，在全世界范围内以出版物公开的技术内容构成在先技术，对于以出版物之外的其他方式公开的技术内容只在本国公开才构成在先技术。可见，我国和美国采用的是混合新颖性标准，而欧洲和日本采用的则是绝对新颖性标准。

(二) 新颖性的理论基础

要求取得专利的发明具有新颖性的理论基础相对于实用性来说是比较容易理解的。这是因为，专利制度建立的目的就是为了促使发明人将自己的发明向社会公众公开，以促进其他人的发明活动，从而在整体上促进技术创新。而授予专利的历史目的，就在于鼓励人们公开披露科学技术上的新发展。向公开自己发明成果的发明人授予的专利，是对给予发明人公开发明的报酬和对价。因此，如果发明已经公开了，也就是说，不具有新颖性了，就没有授予专利的必要了。

二、商业方法发明的新颖性审查

与其他发明相比，商业方法发明的新颖性审查在以下方面存在问题：

(一) 在先技术的检索

新颖性审查是将专利申请与在先技术和可能构成抵触申请的专利申请进行对比分析，因此，对商业方法发明进行新颖性审查的前提是进行检索，找出与专利申请的主题密切相关或相关的在先技术，以及抵触申请。由于商业方法是专利保护的新领域，不像其他领域的发明有系统的在先技术；商业方法发明更多地是通过软件技术实施的，实质上是软件发明，但软件产业本身历史不长，软件受到专利保护的时间也很短，因此，软件发明也面临着在先技术不足的问题。上述问题严重阻碍了商业方法发明的新颖性审查。实际上，有许多商业方法发明虽然最后获得了专利，但由于专利审查员在进行实质审查时检索不到相关的专利文献和其他书面记载的技术知识来否定其新颖性，致使其被假定具有的新颖性存在品质缺陷。如 Open Market 公司拥有“电子购物车技术”和“安全线上付款机制”等商业方法专利，当该公司凭专利权向其他使用上述商业方法的电子商务公司索要使用费，却被对方以上述商业方法的使用已行之有年、欠缺新颖性为由加以拒绝，Open Market 公司在遭到拒绝后，也未提起诉讼。可见，由于商业方法专利的新颖性存在品质缺陷，即使商业方法专利权人本人也没有信心执著于权利请求。❶

为了保证商业方法专利的新颖性，美、日、欧等国家和地区积极采取了相关措施，有关机构也提出了相应建议。如 USPTO 于 2000 年 3 月提出的商业方法专利行动计划中要求扩大在先技术的检索，美国知识产权法协会建议 USPTO 收集非专利商业方法的在先技术，美国国会议员提出的 2000 年商业方法专利促进法中也有许多有价值的保证有充分的在先技术以检验商业方法发明的新颖性的建议，JPO 在其 2000 年 11 月公布的商业方法专利政策中也提出了扩大和改善在先技术检索的措施。❷ JPO、USPTO、EPO 三方为了保证在商业方法发明检索和审查方面的一致性，还采取措施加强在该领域在先技术检索方面的研究与合作。研究结果表明，JPO 与 USPTO 在总体上是一致的。根据对 20 个与商业方法有关的 PCT 申请进行检索的结果的分析，三方最后达成一致意见，由于在商业方法领域找到在先技术文献的可能性很高，为提高检索质量，三局除了在新的商业数据库及搜索引擎方面交换信息外，还应在检索工具和资源的运用方面的信息进行交换。❸

---

❶ 唐昭红．美国商业方法专利制度正当性分析［J］．电子知识产权，2004（3）：14.

❷ 具体内容见本书第一章第二节《商业方法专利保护的发展》。

❸ 曹玲玲，夏佩娟．日本专利局公布三方关于商业方法发明共同检索报告书［N］．中国知识产权报，2002-5-20.

（二）在先技术的范围

如前所述，我国专利法采用的是混合新颖性标准，也就是说，无论世界何地的出版物公开的技术内容均可构成在先技术，但只有在国内的公知公用和其他方式公开才能构成在先技术。而商业方法发明不同于其他发明的一个显著特点是，绝大多数的商业方法发明是通过计算机和网络技术实施的，由于网络的开放性和电子商务运营的无国界性导致商业方法发明在多数情况下是通过互联网公开的，这就提出一个如何处理通过互联网公开的作为在先技术的商业方法发明的问题。

根据我国现行《专利法》，通过互联网的公开似乎可以解释为其他方式的公开，但其他方式的公开只是在国内范围内公开才能使专利申请案丧失新颖性，而互联网上的公开是不受国界限制的。可见，网络的开放性和电子商务运营的无国界性给商业方法新颖性的判断增加了难度，如果仍然采用“混合新颖性”标准是无法准确判断的。我们必须采用更加科学和合理的方法来处理通过互联网公开的作为在先技术的商业方法发明信息。

由于互联网公开越来越成为许多技术信息得以公开的一种普遍方式，有国家已经通过专利立法来规范对互联网上公开的技术信息的处理。日本在 1999 年修改《专利法》时将《专利法》第 29 条第（1）款第三项修改为：“专利申请前在日本国内或者外国出版的刊物上已有记载的发明，或公众通过电信线路可以利用的发明。”相对于修改前增加了“公众通过电信线路可以利用的发明”的规定。这实际上是将通过互联网公开的发明与通过在出版物上记载公开的发明一样对待。与日本《专利法》的修改相配合，1999 年 12 月 10 日，JPO 发布了《处理因特网上公开的作为在先技术的技术信息的审查指南》，该审查指南于 2000 年 1 月 1 日实施。2002 年秋，USPTO 也发布了《商业方法领域的在先技术——电子文献何时可以作为在先技术目的的印刷出版物?》，对于在审查商业方法发明专利申请过程中检索和利用电子文献形式的在先技术的条件作出了规定。下面对这两个文件的内容作一介绍分析。

1. 日本发布的《处理因特网上公开的作为在先技术的技术信息的审查指南》[1]

该审查指南在解释该项法律修改的意义时说，通过因特网等披露的技术信息在内容上与以杂志、书本等形式公布的技术信息是相等的，因为传输迅速，它非常有用。因此，为了快速公布其研究成果，越来越多的研究人员开始利用因特网发表其技术论文。在这种情况下，通过因特网等披露的技术信息以与在出版物上公开的技术信息一样的方式有助于技术的进步和发展，并且已经构成了产业世界中的一个技术标准。因此，通过因特网等公开了的发明，即使其没有被描述于刊物中，也不应当被授予专利权。根据该审查指南的规定，技术信息在因特网上公开的法律效果等同于其在出版物上的公开。但由于因特网上的技术信息的公开在公开日期、公开内容等方面有更改的可能性，且因特网上公开的技术信息（以下简称电子技术信息，即 Electronic Technical Information）对于公众的可得性来说有不同于出版物公开的特点。针对上述特点，该审查指南规定了相应的处理规则：

（1）引证电子技术信息的条件。电子技术信息如在出版物上公开的信息一样作为在先技术被引证需要满足以下条件：一是电子技术信息应当是在申请日前公开。二是电子技术信息在申请日前的公开应当是内容完全相同的。三是电子技术信息在申请日前的公开应当是一般公众可得的。由于电子技术信息在申请日前是否可得的问题需要基于在被引证的电子技术信息中指明的公开时间作出判断，因此，没有指明公开时间的电子技术信息在原则上不能作为在先技术被引证，除非审查员能够从对该信息的公开、维护有权或者有职责的人处取得关于该信息的公开时间和内容的证明。

（2）电子技术信息存在着的更改可能性及其处理。与印刷出版物

[1] Examination standards Office Coordination Division. Operational guidelines on treatment of technical information disclosed on the Internet as Prior Art［EB/OL］. ［1999-12-10］［2005-1-8］http：//www. jpo. go. jp/tetuzuki _ e/t _ tokkyo _ e/unnyousisine. htm.

上公开的信息不同，在因特网等上公开的信息（包括其指明的公开时间和其公开内容）很容易被更改。对于这个问题，该审查指南根据电子技术信息公开的网址（Websites）的性质不同而采取了不同的做法：一是对于在是否更改的问题上存在极小怀疑因素的网址，如出版商、学术机构、国际组织、公共组织等网址，审查员一般假定其检索到该信息时该信息公开的内容与网址上指明的公开时间公开的内容一样，从而进行引证。二是对于在是否更改的问题上存在怀疑的情况，审查员应当作进一步审查，通过网址上公布的联系地址查明该信息是否被更改，然后决定是否引证。三是对于在是否更改的问题上只有极小可能消除怀疑的网址，由于其不指明公开时间，也不清楚地指明联系地址，审查员一般不引证其公开的信息。

（3）电子技术信息对于一般公众可得的要求。电子技术信息在申请日前的公开应当是一般公众可得的，这是其被引证作为在先技术所应当满足的一个条件。该审查指南根据现实中因特网上信息公开的方式和条件分别一般公众可得和一般公众不可得进行了举例。其公开的信息是一般公众可得的网址包括注册了搜索引擎的网址、仅仅需要输入口令的网址和仅仅需要付费的网址。其公布的信息是一般公众不可得的网址包括以下情况：一是公布的信息只有特定组织的成员可以得到，或者该信息被作为秘密处理；二是信息被译成密码，一般无法看懂；三是公布时间过短以致公众不可得。

（4）引证电子技术信息的方法。如果出版物陈述与电子技术信息相同的内容，且两者均可以引证，则引证出版物公开的信息作为在先技术。对于引证电子技术信息作为在先技术，审查员应当将该电子技术信息从网址上打印输出，并写明其登录时间、审查员姓名和专利申请的申请号以及其他数字化非专利文献要求的内容。

（5）电子技术信息的提供。为了证明提供的信息是正确的，电子技术信息的提供者应当提交一份在因特网上的该信息的打印输出稿。该打印输出稿必须包括信息的内容、指明的公开时间、获得信息的网址、联系地址，并希望附有被授权或有职责公开、维护该信息的人出具的证明。

(6) 申请人的抗辩。当审查员引证电子技术信息作为在先技术以否定专利申请的新颖性时，专利申请人可能会提出抗辩。如果申请人的抗辩仅仅是出于怀疑，而不是基于证据，则该抗辩因缺少明确理由而不被采纳。申请人的抗辩应当得到对电子技术信息的公开、维护有权或有职责的人的证明，审查员在进行审查后，如果采信申请人的抗辩，则对该电子技术信息不予引证。

2. USPTO 发布的《商业方法领域的在先技术——电子文献何时可以作为在先技术目的的印刷出版物?》[1]

USPTO 在该文件中指出，计算机和因特网技术创造了一个变革社会的信息时代，商业方法发明属于这个时代的新兴技术领域，产业界和专利律师对其在先技术的可得性和检索质量表示关心。USPTO 在该文中对什么构成当今信息时代的在先技术做出界定，并讨论了在先技术从早期以已公布专利为主要形式到现在信息时代以非专利文献和电子文献为主要形式的发展，阐述了在商业方法这个新兴技术领域认定在先技术面临的挑战。

(1) 信息时代在先技术的发展

在过去，专利文献是专利审查过程中被依赖作为在先技术的首要形式。然而，在商业方法发明的专利审查中，审查员现在必须更多地依赖非专利文献，尤其是那些可电子化检索的数据库。鉴于非专利文献对于商业方法发明专利申请的审查程序的重要性，为保证商业方法发明专利申请（主要是第 705 类申请）的审查员利用适当的可电子化检索的数据库，USPTO 采取了如下措施：发布公告，列出当前被第 705 类审查员检索的主要非专利文献数据库，并征求公众意见，以提供当前 USPTO 没有使用的有关数据库；[2] 对第 705 类审查员进行培训，以使其能够通过检索找出相关的非专利文献商业数据库；通过美

[1] Prior Art in the Field of Business Method Patents——When is an electronic document a printed publication for prior art purposes? [EB/OL]. [2003-04-01]. http://www.uspto.gov/web/menu/pbmethod/aiplafall02paper.htm.

[2] http://www.uspto.gov/web/menu/pbmethod/c705-cr.pdf.

国专利商标局科学技术中心的电子信息中心的帮助进行商业数据库检索；要求第705类专利审查员对所有的第705类的专利申请进行以下内容的强制性检索：分类的美国专利文献、美国专利文献的原文、外国专利文献、相关的非专利文献。

（2）鉴定在先技术面临的挑战

商业方法以前可能被普遍实施或者是产业中的常见知识，但是没有被正式记载于文件，或者没有被加注日期，或者没有被以专利审查员可容易获取的方式公开，对于这些商业方法是很难鉴定的。为了保证在该领域进行在先技术检索的质量，USPTO通过与产业界进行沟通和合作，找到了改进方法：一是根据37CFR 1.105赋予专利审查员的权利，专利审查员可以要求申请人提交对于正确理解和对待专利申请主题有合理必要的信息，这对于审查员理解发明和建立检索策略很有帮助。二是根据37CFR1.99，公众可以提交与未决的已公布专利申请有关的专利或专利申请。[1]

（3）在先技术的范围

该文件详细列出了可以作为在先技术进行检索的下列事项：图画和图案、专利文献、已公布专利申请、印刷出版物、申请人的文件或承认、电子出版物、网址、软件产品等。根据USPTO对上述形式的在先技术的说明，公开的本质是能够无限制或没有保密义务地传播或通过其他方式被对该主题或技术领域感兴趣和有普通技术水平的人经过合理的努力找到。USPTO特别指出，电子出版物，像其他出版物一样，也可以依赖作为在先技术，且其作为在先技术与印刷出版物适用同样的规则，主要是需要证明该信息的传播或者该信息能够被关心该信息的人得到。针对电子出版物的特性，USPTO也强调了需要注意的几点：电子版本与对应文件之间存在可觉察的不同时，每一版本都有

[1] 37CFR是指Chapter 37 of the Code of Federal Regulations，该章是美国专利实施细则，其中37CFR 1.99和37CFR 1.105的题目分别是Third - party submission in published application和Requirements for information，http：//www.uspto.gov/web/offices/pac/mpep/documents/appxr.htm.

必要引证，并基于他们各自的披露被依赖作为独立的参考资料；电子出版物的公开日期是其被公开登录之日，电子出版物一般应被加注了日期，且不是暂时的，能够为后来恢复的可能而进行索引。不能保存、恢复或印刷的网上广播是暂时的，因此也不能作为在先技术。

尽管USPTO的《商业方法领域的在先技术》是在日本的《处理因特网上公开的作为在先技术的技术信息的审查指南》之后公布，而且是专门针对商业方法专利作出的规定，但后者对于商业方法专利来说，也是非常适用的，且在内容的全面具体和可具操作性上，后者显然优于前者。不过前者也具有后者所没有的值得借鉴的内容，即为了保证在商业方法领域进行在先技术检索的质量，USPTO所提出的要求申请人提交必要信息和允许公众参与新颖性审查的方法。我国《专利法》和专利《审查指南》没有对通过互联网的公开作出具体规定，如果将通过互联网的公开解释为其他方式的公开，由于其他方式的公开只是在国内范围的公开才使专利申请案丧失新颖性，这与互联网公开的无国界性是矛盾的。因此，根据互联网公开本身具有的无国界性的特点，应当将互联网公开视同出版物公开。但由于互联网公开又具有出版物公开所没有的一些特点，因此，对在互联网上公开的作为在先技术的技术信息的审查要进行具体判断，在这方面，日本的做法尤其值得借鉴。

第四节 商业方法发明与创造性审查

一、创造性的立法规定和理论基础

（一）创造性的立法规定

美国专利法中使用了“非显而易见性”一词来表示对专利创造性的要求，其第103条“专利获得要件；客体之非显而易见性”规定：“有关发明，尽管与本法第102条所说方式加以披露或描述的技术不同，但如果申请专利的客体与在先技术之间的不同是这样一种程度，即在该客体所处的技术领域中一般技术水平的人看来，该客体作为一个整体，在发明完成时是显而易见的，则不能获得专利。发明完成的方式不影响其可专利性。”[1] 可见，新颖性是要求专利申请与在先技术存在不同，而非显而易见性则要求这种不同必须达到一定程度。

《欧洲专利公约》第56条规定：“如果考虑到在先技术，一项发明对于本专业技术人员不是显而易见的，应认为是具有创造性的发明。”

日本《专利法》第29条第2款规定：“专利申请前，具有该发明所属技术领域的一般知识者，基于前款各项中所列的发明，已经能够轻易得出发明时，不受同款规定所限，此发明不能取得专利。”此处前款各项中所列的发明是指已构成在先技术的发明，在这种情况下，发明不能享有专利。

我国《专利法》第22条第3款规定的发明的创造性是指，“同申请日以前已有的技术相比，该发明有突出的实质性特点和显著的进步。”

TRIPS协议第27条第1款也对可获得专利的发明提出了创造性的要求，该款的注释还指出，本条所指的“创造性”与某些成员国使用的“非显而易见性”系同义语。因此，在本书中，非显而易见性与创造性也是在同一意义上使用的。

（二）创造性的理论基础

将创造性作为专利的获得要件之一，也是容易理解的。任何一种新的技术发明通常都是在在先技术的基础上做出的，有些发明可以轻易地甚至自动地从在先技术中推演出来，这样，技术进步本身以及新颖性并不足以鉴别一项发明是否可以授予专利权，一项发明只有在具有创造性的条件下才应当获得专利保护。[2] 实际上，一项发明只有达到了创造性的要求，才真正具有推动技术发展的作用，将专利授予具有创造性的发明才能保证专利权人的所获与其对社会的贡献相符，才能实现专利法的目的。如果将专利权授予那些不具有创造性的、微不

[1] 李明德．美国知识产权法［M］．北京：法律出版社，2002：39.

[2] 张晓都．专利实质条件［M］．北京：法律出版社，2002：164.

足道的、琐碎的发明，不仅仅会阻碍其他人进行科学研究和技术创新的行为，而且还会影响他人在产业中自觉进行和普遍应用技术创新的积极性，从整个社会来看，是得不偿失的。因此，对专利提出创造性要求，也是为了在发明人和社会公众之间进行利益平衡。

二、商业方法发明的创造性审查

各国在专利法和专利审查指南中对创造性的含义和如何进行创造性审查都作出了一般规定，对于这些规定来说，很可能在用语上存在一定的差异，但基本要求是一致的。对创造性的审查，根据判断标准的不同分为一般判定方法和辅助性手段，前者是以专利法对创造性的要求作为判断标准，后者则是以发明本身之外的其他因素作为判断标准。对于一般判定方法的步骤和要求基本上是一致的。如在我国，判断发明是否具有突出的实质性特点，就是判断发明的技术方案相对于在先技术对本领域的技术人员来说是不是非显而易见的，判断过程通常分为三个步骤：一是找出最接近的在先技术；二是确定发明所解决的技术问题，关键是找出发明与最接近的在先技术之间的区别特征；三是判断该发明对本领域的技术人员来说是否显而易见。[1] 美国对非显而易见性的判断也需要确定在先技术、在先技术与权利要求之间的区别、相关领域中的一般技术水平这三个要素。[2] 对于商业方法发明的创造性审查来说，自然也应当遵循创造性审查的一般要求，但由于商业方法发明有不同于其他发明的性质，各国在对其进行创造性审查时遇到了特有的难点，为此，各国也采取了有关措施，发布了一些指导性文件。让我们首先来看看美、日、欧关于商业方法发明的创造性审查的规定。

（一）美国对商业方法发明创造性的规定

美国是商业方法发明专利的发源地，也是大力推进商业方法专利保护的国家，其在完善商业方法专利保护制度方面行动积极，出台了

---

[1] 张清奎．专利审查概说［M］．北京：知识产权出版社，2002：296.

[2] 李明德．美国知识产权法［M］．北京：法律出版社，2002：40.

许多文件和政策，包括在商业方法专利的创造性审查方面。涉及商业方法专利创造性审查的文件主要有两份。

1.《与计算机有关的发明的审查指南》

由于绝大部分商业方法发明是通过计算机实施的，此类商业方法发明本质上就是与计算机有关的发明，因此，对此类商业方法发明的创造性审查，要遵循《与计算机有关的发明的审查指南》的要求。该审查指南第六部分的题目为“确认有关发明是否符合专利法第102条和第103条的要求”，[1] 实际上就是关于新颖性和创造性审查的规定。关于创造性审查的内容主要有：

（1）专利法第103条规定的要素和条件同样适用于与计算机有关的发明，即与计算机有关的发明的创造性审查应当按照专利法第103条进行。美国最高法院于1966年的Graham v. John Deere案中对非显而易见性的判定方法进行了阐释，与该案一致，USPTO的审查指南规定了作为判断非显而易见性的前提需要审查的以下事实：确定在先技术的范围与内容；确定在先技术与权利要求之间的区别；决定有关技术领域里的一般技术水平；评估作为证据的辅助考虑因素。该审查指南还规定对要求专利权的发明必须作为一个整体考虑。

（2）对计算机有关的发明的创造性审查应当以功能性描述材料为基础，非功能性描述材料是不受专利保护的客体，因此，对于创造性的审查没有意义。审查员在对比在先技术和要求权利的发明时，如果二者之间的不同仅限于由机器存储或使用的描述性资料，审查员必须判断该描述性资料是功能性的，还是非功能性的。功能性描述资料是权利要求的限制条件，必须根据第103条来评定其可专利性，如果功能性描述材料已经在在先技术中被提出过了，则权利要求应当因缺乏创造性而被驳回。非功能性描述材料不会使已经显而易见的发明具有非显而易见性。包含非功能性描述材料的一般情形有：计算机可读存

[1] United States Department of Commerce，Patent and Trademark Office. Examination guidelines for computer－related inventions［EB/OL］.（1996）［2004－11－06］. http：//www. uspto. gov/web/offices/com/sol/og/con/files/cons093. htm.

储介质，其与在先技术的区别仅仅体现在如音乐、文字作品等编码于该介质上的非功能性描述材料；一台计算机，其与在先技术的区别仅仅体现在不能改变机器功能的非功能性描述材料上；一种方法，其与在先技术的区别仅仅体现在不能改变为了实现发明的效用而执行的方法步骤的非功能性描述材料上。

2. USPTO 专门就与计算机相关的商业方法发明的创造性审查出台的一份文件（Formulating and Communicating Rejections Under 35U. S. C 103 for Applications Directed to Computer - Implemented Business Method Inventions），❶ 该文件主要由五部分组成

第一部分是简介。简要介绍了与计算机有关的商业方法发明创造性审查的步骤。

第二部分是关于基本事实调查的规定，主要说明商业方法发明的创造性审查也应当按照一般专利审查所遵循的 Graham inquires 进行。具体步骤包括：如何根据专利申请进行充分检索以收集事实；如何决定检索中发现的技术是否为与专利申请的权利要求相关的在先技术；评价每一在先技术与专利申请主题的相关性。

第三部分是评价显而易见性的操作程序。具体包括三个步骤：首先是初步显而易见性的评价，对初步显而易见性的证明是审查员的责任，根据已经收集到的材料如果不能形成初步显而易见的评价，那么就意味着通过创造性审查，否则进入第二个步骤。初步显而易见性的确定必须满足三个基本标准：一是在可参考的在先技术资料中或在所属技术领域的普通技术人员可获得的一般知识中，必须存在一定的改进在先技术或组合在先技术的建议或激励的启示；二是必须存在对成功的合理预期；三是在先技术或在先技术的组合教导或建议了权利要求的所有限制因素。第二个步骤是由申请者对关于初步显而易见性评价提出反驳。申请者用以反驳初步显而易见性评价的证据主要包括两类，一是专利申请与最接近的在先技术相比所具有的没有预料到的或非显而易见的特点或优势，二是现实世界的事实，包括发明申请所取

❶ http：//www.uspto.gov/web/menu/busmethp/busmeth103rej.htm＃E18 .

得的商业成功，对长期渴望的已知技术问题的解决，他人在解决该已知技术问题上的失败，专家的怀疑和他人的摹仿等。最后由审查员对反驳做进一步评估，得出最终的法律结论。

第四部分列举了按照美国专利法第 103 条和第 132 条的要求对不具有非显而易见性的专利申请，由专利局书面陈述理由予以驳回的例子。这些被驳回的案例主要分为两大类，一是所申请的发明已被明显或者隐含的包括在作为评估创造性的对比文献中；二是所申请的发明是从在先技术参考资料中符合逻辑地推理出来的，如，所申请的发明从该技术领域的一般知识推论出来，所申请的发明可以从一个已经确定的商业原则推论出来，所申请的发明是将一个见诸于行业手册的标准商业过程用电脑自动化，所申请的发明是包含有计算机程序的已知系统或机器，所申请的发明与以前所有的发明相比只体现在它存储或者处理的数据上，所申请的发明只与公认的一般技术水平相当。

第五部分列举了一些不适当的驳回的案例。在这些案例中，审查员的驳回决定是建立在“后见之明”（Hindsight）的基础上的，因而是不适当的。

上述两份文件是由 USPTO 在总结专利审查和司法实践的基础上提出的对相关发明创造性进行审查的文件，其中许多要求和做法是在以前的司法判例中提出和确立的，通过这两份文件的总结使之更加全面和系统。而后面的专门针对商业方法创造性审查的文件也是对前者的具体化和实例化。

（二）日本对商业方法发明创造性的规定

在日本，由于大多数与商业有关的发明可以被认为是某种形式的与软件有关的发明，根据日本特许厅发布的《与商业有关的发明的审查》，对与商业有关的发明的专利申请可以按照《专利与实用新型审查指南》中的《特定领域的审查指南》部分的第一章将其作为计算机软件相关发明来进行审查，因此，商业方法发明的创造性审查首先要根据对计算机软件相关发明的创造性要求来进行。此外，为了给商业方法专利审查提供更加全面具体细致的指导，日本特许厅还于 2001 年 4 月 1 日发布了一份《商业方法发明不具有专利性的范例》，这份文件是判断商业方法发明创造性的指导性文件。

1.《与计算机软件有关的发明的审查指南》❶

根据日本专利法关于发明的定义，商业方法必须属于利用自然规律进行的技术创造才能成为专利客体，一般认为，在日本，商业方法发明所涉及的技术是指应用计算机设备或网络技术，即商业方法专利必须以计算机或网络技术为手段。❷ 实际上，商业方法发明大部分是通过软件实现的。因此，对商业方法发明进行创造性审查，也要根据日本《专利与实用新型审查指南》对于与计算机软件相关发明的要求来进行。

（1）该审查指南明确了创造性的概念：如果所属领域的一般技术人员在准确掌握申请日前与专利申请有关的技术领域的技术状况后，在在先技术的基础上，经过通常的思考，能够轻易地得出要求权利的发明，则该专利申请不具有创造性。

（2）明确了对所属领域的一般技术人员的要求。在与软件有关的发明的技术领域具有普通技术水平的人应当满足以下要求：具有与软件有关的发明所应用的领域和计算机技术领域（如系统化技术）两个领域的一般知识；能够使用通常的技术手段进行研究和开发；在设计变更方面能够进行普通的创造活动；能够掌握申请日前与发明相关的技术领域（已知的软件应用领域和计算机技术领域）的所有技术状况；能够将与该发明解决的问题相关的技术领域的所有技术事物变成自己的知识。此外，在有些情况下，将所属领域的一般技术人员考虑为一组人比一个人更为适当。

（3）要求创造性审查应当从整体上进行。该审查指南认为，既然发明应当从整体上看待，那么，将要求权利的发明分为人为安排方面和自动技术方面进行鉴别就是不适当的。因此，应当从整体上将发明

❶ Part VII, Implementation guidelines for examinations in specific fields: chapter 1 - computer software - related inventions. [EB/OL]. [2004-11-06] http://www.jpo.go.jp/tetuzuki_e/.

❷ 李森堙. 日本商业方法专利制度简介 [EB/OL]. [2005-01-10]. http://www.itnet.org.tw/sinet/pub/PUB43/43-16.htm.

与在先技术进行比较分析。

（4）在创造性的判断标准方面，除了把握创造性的基本概念外，该审查指南还提供了若干相对具体的判断标准。审查员首先要进行在先技术检索，然后在在先技术和本领域的一般技术知识的基础上，对要求权利的发明是否缺乏创造性进行判定。该判定可以从很多方面进行，包括该专利申请是否仅仅是对最优材料的选择，或仅仅是工厂里的修改或设计，或是对在先技术的简单组合，或者在先技术的内容对于本领域的技术人员来说披露了可能做出专利申请的理由或动机。如果上述结果是肯定的，则专利申请不具有创造性。此外，该审查指南还提供了两个辅助性判断标准：一是发明的效果。如果要求权利的发明相对于在先技术所具有的有利效果能够在其专利说明书等中清楚地加以描述，这可以作为其具有创造性的事实加以考虑。然而，若发明是使用计算机信息技术所进行的系统化的动作，其所达到的效果只是“能够更快处理”、“能够处理大量数据”、“可以减少出错的机率”、“能够获得均一化结果”等一般的效果，而这样的效果通常是将某种方法计算机化所必然伴随的效果，并不能认为是根据所属技术领域的一般技术水准所不能预见的效果，因此，在实际运用上没有太多的参考价值，也就不能得出具有创造性的结论。二是该发明在商业运用上的成功程度。一项发明在商业上取得了成功，或者是获得了等同于商业成功的结果，则上述事实对该发明是否具备创造性的评定，可以作为正面事实加以考虑。但是这类商业成功事实，仅仅限于根据专利申请人的主张和举证、基于要求权利的发明本身的特征所产生的事实，如果是因为销售技巧和广告宣传等其他因素所产生的商业成功则不列入考虑。

（5）该审查指南对所属技术领域的普通技术人员从事的普通创造活动进行了列举，这些普通创造活动被认为不具有专利法意义上的创造性：将用于一定应用领域的与软件有关的发明的程序和手段应用于其他领域以实现相同的功能和操作，如将已存在的“文件恢复系统”用于医疗领域而形成的“医疗文件恢复系统”；在系统中为系统化而增加已众所周知的惯用手段作为其中的构成因素，或者用一常见的均等手段取代系统中的部分构成因素；将硬件实现的功能改由软件实现；对一应用领域中已有的人类交易进行系统化以使其能够在计算机上操作，且该系统化能够通过常规的系统分析方法和系统设计方法活动得以实现，如为了接受订单仅仅以因特网上的网页取代以前使用的电话或传真；为达到意欲目的将软件技术与用于不同领域的方法和手段结合或将他们用于另外的领域，在这样的结合或应用中不存在技术困难（技术性的阻碍因素）时，不能肯定其创造性；将众所周知的事实现象，在计算机虚拟空间上再现；基于众所周知的事实或习惯作出的设计修改，如将非电子商务交易中的“冷静制度”（即购买者即使在发出订单后，也可在一定期间内撤回订购要约）引入电子交易设置中。

2.《商业方法发明不具有专利性的范例》

这份文件非常详尽地给出了不构成专利法意义下的发明的情况、专利说明书和权利要求书不符合要求的情况等，成为对商业方法发明进行创造性审查所依赖的专门文件。❶

在这份文件中不属于专利法意义上的发明的情况有：（1）对于有关市场研究和分析方法的发明，如果在权利要求中仅仅描绘了商业方法本身或者这种商业方法在计算机上的使用仅仅是将计算机作为一种工具或者基于软件的信息传输而没有利用硬件资源，则不构成发明；（2）对于有关电子广告的发明，如果在说明书中没有明确叙述商业方法是如何通过计算机来实现的，就认为说明书不符合要求；（3）列举了9种属于显而易见性的商业方法发明的情况，包括基于公知技术、公知商业方法的简单发明以及公知技术和公知方法的简单组合等。

根据该文件，以下案例被认为不具有创造性：（1）将工业技术应用于另一特殊领域，如将“搜索系统”应用于医药领域而形成的“医药数据搜索系统”。（2）将手动自动化，如发明一个接收指示系统，用网络来接受以前用传真或电话接收的指示。（3）仅仅通过做一些人工的安排而改变的设计，如把公知的冷却系统安装到电子商务装置上。

❶ 张平．论商业方法软件专利保护的创造性标准——美、日、欧三方比较[J]．知识产权，2003（1）：26.

（三）欧洲对商业方法发明创造性的规定

与美国和日本不同，欧洲在商业方法的专利保护方面持相对保守和谨慎的态度，欧洲专利局针对计算机相关发明和商业方法发明没有出台专门的审查政策，只是根据欧洲专利局局长于2001年8月31日作出的决定，对欧洲专利局审查指南中关于计算机相关发明和商业方法的可专利性部分内容进行了修改。因此，对商业方法发明的创造性审查要根据欧洲专利局审查指南进行。此外，欧洲议会于2003年9月24日通过的《以计算机实施的发明的可专利性指令》也对创造性要求作出了规定，尽管该指令尚没有生效，也能反映出欧洲对商业方法发明创造性的态度。

1. 欧洲专利局审查指南

根据欧洲专利局审查指南第C部分（Guidelines for Substantive Examination）中第4章（Patentability）的第2节（Invention）和第9节（Inventive Step）的规定，在评定创造性时要注意以下方面：

（1）评定创造性的一般方法

在实践中，为了以客观的和可预测的方式评定创造性，审查员通常采用所谓的问题和解决方案（Problem - and - Solution Approach）的方法。

该方法包括三个主要的步骤：一是确定最接近的在先技术；二是确定所要解决的客观技术问题，此处的客观技术问题是指修改或调整最为接近的在先技术以使之提供发明所提供的超过其技术效果的目标和任务；三是从最接近的在先技术与所要解决的客观技术问题出发，确定该要求专利权的发明对于所属领域的技术人员来说是否显而易见。在第三步骤中，具体说来，就是要确定在先技术在整体上是否存在某种启示，该启示会促使所属领域的技术人员在面对客观技术问题时，根据该启示修改或调整最为接近的在先技术，以得到权利要求中的东西。

（2）所属技术领域的技术人员的确定

所属技术领域的技术人员，应当被假定为是知晓相关日时本领域一般知识的普通实践者。他应当能够获得在先技术中的所有技术，尤其是在检索报告中引证的文献。他应当具有可供其任意使用的进行常规工作和试验的通常手段和能力。如果要解决的问题促使该技术领域的技术人员到另一个技术领域寻求其解决方案，则那个领域的专家就是有资格解决该问题的人。因此，对解决方案是否具有创造性必须基于专家的知识和能力。在有些情况下，在评定创造性时，考虑到一组人（如一个研究队或生产组）比一个人更为恰当。如，在计算机或电话系统的先进技术领域，和在集成电路和复杂的化学物质的商业生产等高度专业的生产方法中。因此，与计算机有关的发明的创造性就需要考虑所有完成发明的成员的努力。

（3）创造性审查应当从整体上进行

在进行创造性审查时，被要求权利的发明一般必须从整体上考虑。当权利要求是由特征的组合构成时，也就是说，该权利要求是由众多特征结合在一起的组合体。如果组合成该组合体的各个特征，就其本身而言是已知的或是显而易见的，但要求权利的整个组合体在一起的功能作用达到了结合起来的技术效果，而该技术效果不同于（如优于）各个特征的总的技术效果，这说明该特征的组合不是显而易见的。然而，如果权利要求仅仅是特征的聚集或并列，而非真正的组合，在这种情况下，每个特征是显而易见的，就可以充分表明这些特征的聚集不具有创造性。换句话说，各个特征的相互作用必须产生一种协同的效果，如果没有该协同的效果，则不过是特征的拼凑而已。

（4）创造性标准与技术贡献标准

根据欧洲专利局审查指南第 C 部分（Guidelines for Substantive Examination）中第 4 章（Patentability）的第 2 节（Invention）的规定，在审查以计算机实施的发明的实践中，对于审查员来说，在没有考虑技术性的问题之前，先直接审查新颖性和创造性的问题，可能更为适当。在评定是否具有创造性时，审查员必须确定一个已被克服的客观技术问题。对该问题的解决构成发明的技术贡献。这样的技术贡献的存在确定了该被要求权利的发明具有技术性，因此属于《欧洲专利公约》意义上的发明。如果这样的客观技术问题没有被发现，被要求权利的主题至少没有满足创造性的要求，因为这里不存在技术贡献，该权利要求应当以此理由被驳回。这说明欧洲专利局是将技术贡献作为创造性的具体解释。

（5）判定创造性的辅助性标记

根据前述评定创造性的一般方法无法得出发明是否具有创造性的清晰结论时，审查指南提供了评价创造性的辅助性因素，包括发明克服技术偏见、发明满足了长时间的需求、发明在商业上取得了成功以及发明具有意料不到的技术效果等。

2. 欧洲议会的《以计算机实施的发明的可专利性指令》

为了统一欧洲各国对以计算机实施的发明的专利保护，欧洲议会于 2003 年 9 月 24 日通过了《以计算机实施的发明的可专利性指令》。虽然该指令尚未生效，但其反映了欧洲议会在计算机软件专利保护方面的态度。该指令在以计算机实施的发明的创造性方面提出了如下要求：

（1）技术贡献是创造性的必要条件。该指令要求，成员国应保证，以计算机实施的发明作出技术贡献构成创造性的必要条件。这与欧洲专利局审查指南的要求是一致的。对于技术贡献，该指令作出了定义，技术贡献又称发明，是指对技术领域（Technical Field）现有技术（the State of the Art）的贡献，而技术领域是指要求运用可控制之自然力以实现预期结果的工业应用领域。运用自然力控制的物理效果（除信息的数字表达外）属于技术领域。信息的处理、控制和表现，即使为上述目的使用了技术设置，也不属于技术领域。一项以计算机实施的发明不应仅因其运用了计算机、网络或其他可程序装置就被认为具有了技术贡献。

（2）创造性应当从整体上进行评价。技术贡献的显著程度应当通过从整体上考虑专利申请权利要求范围内的技术因素与现有技术之间的不同来评价，而不考虑这样的特征是否伴随有非技术特征。

（四）对美、日、欧商业方法创造性审查的比较分析

在商业方法的专利保护方面，美国和日本出于本国产业政策考虑，都积极采取措施对商业方法专利进行规范，欧洲虽然不像美国和日本那样出台了许多具体的措施，但欧洲内部争论激烈，且欧洲专利

局对审查指南进行修改，欧洲议会也采取了立法行动，这说明欧洲对商业方法的专利保护问题也很重视。从目前美、日、欧的政策来看，商业方法发明在一定条件下是可以受到专利保护的，三者的主要分歧在商业方法发明的创造性标准方面。❶ 前述部分对美、日、欧在商业方法发明创造性审查方面的制度和做法进行了介绍和分析。下面让我们对三者做一比较研究。

商业方法发明作为专利客体的一种，受到专利审查指南关于创造性审查的基本要求的规范，因此美、日、欧在商业方法发明创造性审查方面的有其相同之处，主要体现在：

（1）在创造性的基本概念方面，三者是一致的。美国所采用的非显而易见性概念与日本、欧洲的创造性概念是相同的。

（2）在创造性审查原则方面，三者都有坚持了整体判断原则。

（3）在创造性审查方法方面，三者的一般判定方法的步骤也大体相同。有一点区别在于，欧洲评价创造性的一般判定方法中的第二步是确定客观技术问题，而美国则是确定在先技术与要求权利的发明之间的区别，这两种要求在表述上显然是不同的，但实质上客观技术问题也是根据在先技术与要求权利的发明之间的区别所取得的效果推导出来的。❷

（4）在创造性的辅助性判断标准方面，三者都有相应规定。

然而，由于商业方法发明是专利客体中的新领域，其具有不同于传统专利客体的特殊性，对其进行创造性审查存在一定的困难，而为保证商业方法发明的创造性审查不违背专利法理论，并确保专利权人和社会公众之间利益的平衡，又不能对商业方法发明的创造性审查放

---

❶ 张平．论商业方法软件专利保护的创造性标准——美、日、欧三方比较[J]．知识产权，2003（1）：25.

❷ 我国专利《审查指南》在创造性的判断方面与欧洲专利局审查指南采用了相同的判定方法。根据我国专利《审查指南》，该判定方法的第二步是确定发明所要解决的技术问题，而确定该技术问题，首先是要找出发明与最接近的在先技术之间的区别特征，然后根据说明书分析区别特征所能产生的效果，而该区别特征能够解决的技术问题，就是发明所解决的技术问题。

宽要求。在这种情况下，美国和日本作为积极推进和倡导商业方法专利保护的国家，为了规范商业方法发明的创造性审查，出台了相关文件。欧洲也在修改后的专利审查指南和相关立法文件中对商业方法发明的创造性提出了基本要求。三者在商业方法发明创造性审查上的不同之处值得我们研究。其不同主要体现在：

1. 在创造性与技术性的关系方面

在美国，发明的所有方面，包括商业方面和技术方面都有助于非显而易见性，[1] 也就是说，商业方法发明本身或者实施该商业方法发明的技术手段只要二者之一具有非显而易见性，则以该技术手段实施的该商业方法发明从整体上就具有创造性，其作为专利申请就能够通过创造性审查。对于一项以计算机实施的商业方法发明来说，如果实施该发明的技术手段不具有创造性，但商业方法本身是非显而易见的，则该发明从整体上来说具有创造性。因此，在美国，创造性可以与技术无关。实际上美国有许多商业方法发明因不考虑技术要素很容易通过了专利审查，造成了此类发明的大量授权。[2]

在日本，一旦以计算机软件实施的商业方法发明被认定为法定客体，是否具有创造性是从整体上对发明作出的判断，不应当分别人工安排和自动技术方面进行鉴定，这是日本《与计算机软件有关的发明的审查指南》明确作出的规定，对此不存在异议。但在创造性与技术的关系上，却存在不同的观点。一种观点认为，根据上述规定，日本在对商业方法发明进行创造性审查时，涉及计算机硬件的部分、软件的部分以及涉及商业方法的部分都要考察其创造性，比美国的标准要严格，[3]

---

[1] HIDEO FURUTANI. Patentability of business method inventions in Japan compared with the US and Europe [EB/OL]. [2004-07-26] http://www.furutani.co.jp/office/ronbun/Business_method_patents_in_Japan.pdf.

[2] 张平．论商业方法软件专利保护的创造性标准——美、日、欧三方比较[J]．知识产权，2003 (1)：26.

[3] 张平．论商业方法软件专利保护的创造性标准——美、日、欧三方比较[J]．知识产权，2003 (1)：27.

与欧洲的创造性审查接近。❶ 另一种观点认为，实施商业方法的计算机系统或通过计算机执行的商业方法，如果其中商业方法是非显而易见的，而计算机系统的技术方面是已知的，那么，这种商业方法发明具有创造性，也就是说，商业方法发明的经济方面有助于该发明的创造性。❷ 根据日本《与计算机软件有关的发明的审查指南》的要求，以计算机软件实施的商业方法发明，如果要受到专利保护，该商业方法必须通过计算机硬件作为具体手段得以实现，而计算机硬件与软件在此共同作用。这就是说，作为专利客体的商业方法发明，应当具有技术性。但在创造性上，根据上述第二种观点，不必然要求技术性。由于上述第二种观点是一位日本专利代理人主张的，其还以 JPO 的案例为依据；且从 JPO 关于整体判断的原则来看，第二种观点与 JPO 的要求更为一致，也更能反映日本在商业方法发明创造性审查实践中的做法。

在欧洲，即使商业方法发明包括计算机，如果发明所设想的改进是基本的经济方面，那么发明不具有创造性。换句话说，经济改进无助于创造性。只有那些解决技术问题的方面被认为是决定创造性的存在与否。❸ 对于这一点是相当肯定的。欧洲专利局上诉委员会于 2000 年 9 月在 Pension Benefit 案（T931/95）中指出，发明所设想的改进本质上是经济领域的改进，这不能被认为是具有创造性。也就是说，只有当发明的改进是对技术领域的改进，才能具有创造性，才可以受到专利保护。❹ 同时，根据欧洲议会《以计算机实施的发明的可专利

❶ JOHN M. CONLEY. The international law of business method patents [EB/OL]. [2004-07-26]. http://www.hunton.com/pdfs/newsletter/Patent-law-update_Business_Methods_4.04.pdf.

❷ HIDEO FURUTANI. Patentability of business method inventions in Japan compared with the US and Europe [EB/OL]. [2004-07-26]. http://www.furutani.co.jp/office/ronbun/Business_method_patents_in_Japan.pdf.

❸ 同上。

❹ REINIER BAKELS, HUGENHOLTZ. The patentability of computer programs [EB/OL]. [2003-04-01]. http://www.ivir.nl/publications/other/softwarepatent.pdf.

性指令》，发明要具有创造性，必须具有技术贡献，而技术贡献是对技术领域在先技术的贡献，技术领域则是指要求运用可控制之自然力以实现预期结果的工业应用领域，可见，创造性必须体现在技术领域。如果发明不存在技术贡献，如，对在先技术的贡献完全体现在非技术方面，仅仅是一个单纯的做生意的方法，则该发明得不到专利保护。同时，需要指出的是，尽管创造性必须体现在技术领域，但一旦满足了创造性要求，则该有效的权利要求将包括技术特征和非技术特征，即专利权的范围将不限于技术贡献。[1]

创造性是否体现在技术领域是美、日、欧三者在商业方法发明创造性审查方面存在的根本不同，这决定了对商业方法发明专利保护的严格程度。

2. 在所属领域的一般技术人员的确定方面

创造性的判断是从所属领域的一般技术人员的角度作出的，因此，所属领域的一般技术人员的确定对于创造性的判断显然存在影响。

日本在其《与计算机软件有关发明的审查指南》中对所属领域的一般技术人员作出了明确定义，根据该定义，所属领域的技术人员必须具有与软件有关的发明所应用的领域和计算机技术领域（如系统化技术）两个领域的一般知识，且有时是指一组人。因此，对于商业方法发明的创造性来说，必须从具备相关商业领域与计算机技术领域两方面的一般知识的技术人员的角度进行审查。有人因此认为，商业方法发明的创造性应当体现在商业方法和计算机技术两方面，即，一个商业方法发明要具有创造性，必须是具有相关商业领域与计算机技术领域两方面知识的专门人员，就当时两个领域的技术水平，不能简单

[1] Proposal for a directive of the European Parliament and the Council on the patentability of computer - implemented inventions [EB/OL]. [2004 - 10 - 22]. http: //Europa. eu. int/comm/internal _ market/en/indprop/comp/com02 - 92en. pdf.

推想或创作出类似的发明，否则就不能认为具有创造性。[1] 这种观点值得商榷。

美国在有关商业方法发明创造性审查的文件中没有对所属领域的一般技术人员提出明确要求，但从美国的商业方法专利审查实践来看，其倾向于审查人员具有计算机技术和相关商业领域两方面的知识。在美国，与商业方法专利申请有关的主要是第705类，该类的审查员在计算机、商业、金融、保险等相关领域都非常有经验，有些获得MBA学位，但USPTO目前还不能给出一个这类普通技术人员的标准——既懂商业经营又懂计算机软件的普通技术人员的标准。[2]

欧洲既然将创造性放在技术领域，其也就不可能要求所属领域的一般技术人员具有计算机技术以外的商业领域的一般知识。值得强调的是，欧洲与日本一样，都提出了从一组人的角度来考虑所属领域的一般技术人员，这是符合计算机领域科技发展的实际情况的。

3. *在辅助性判断标准的利用方面*

美、日、欧关于创造性的基本概念是一致的，建立在该概念基础上的对创造性进行审查的一般判定方法也大体相同，此外，三者都对创造性审查的辅助性判断标准作出了相应规定，如商业上的成功。需要说明的是，根据传统专利法理论，创造性是从在先技术与要求权利的发明来说，是从技术本身进行的测试，其关注的是对技术问题的批判性。而辅助性判断标准是将经济上和动机上的实效作为创造性的标志，其关注的是对市场或工业的全部影响，是对创造性的间接判断，因此，它们只是一些次要因素，只是在创造性难以确定时才予以考虑。[3]

然而，在商业方法专利审查实践中，美国和日本却改变了创造性

---

[1] 李森堙．日本商业方法专利制度简介［EB/OL］．［2005－01－10］．http：//www.itnet.org.tw/sinet/pub/PUB43/43－16.htm.

[2] 张平．论商业方法软件专利保护的创造性标准——美、日、欧三方比较[J]．知识产权，2003（1）：26.

[3] （美）P.D.罗森堡．专利法基础［M］．郑成思，译．北京：对外贸易出版社，1982：146.

是对技术本身的要求这一传统专利法的理论，主张经济改进有助于创造性的判断。而且，美国法院在认定某些商业方法专利的有效性时，优先考虑了辅助性判断标准，致使原本不具有创造性的商业方法专利被认定为有效。

（五）对美国若干商业方法专利创造性的分析

前面分析比较了美、日、欧在商业方法专利创造性审查方面的有关规定及其之间的异同。现选择美国若干典型案例，对所涉及的商业方法专利的创造性进行分析，以进一步揭示出商业方法专利创造性审查中存在的问题。

1. Amazon. com 公司的一次点击网上购物方法专利的创造性

Amazon. com 公司是一次点击网上购物方法专利的所有人，其于 1999 年 10 月向地区法院起诉 Barnesandnoble. com 公司的 "Express Lane" 侵犯了其专利权，要求停止侵权并赔偿损失，该案因地区法院认定原告 Amazon. com 公司的专利有效并对被告 Barnesandnoble. com 公司颁发临时禁令而成为商业方法专利领域中影响最大的案例。让我们详细分析一下原告和被告在该案中的主张和抗辩，进而分析地区法院认定原告专利具有创造性的理由。

原告 Amazon. com 公司的一次点击技术专利权利要求如下：一种通过顾客系统用于预订某物品的方法，该方法由以下步骤组成：（1）显示某特定物品并显示一个单个行为的指示，该单个行为发出是用于预订该特定物品的；（2）发出的单个行为将一个接受预订该特定物品的信息发给服务商系统；（3）在服务商接受该单个行为发出的信息之后，该被预定的物品可单独从货架上被标注，从而完成购买该特定物品的行为。

被告 Barnesandnoble. com 公司提出许多抗辩理由，最主要的一点是一次点击购物方法的组成成分已经落入在先技术范围，因而是无效的。为此，其提出了相关的在先技术，主要包括在线订购技术和电子文件传递技术。

原告针对被告的抗辩进行了反驳，并提交了其专利具有非显而易见性的证明，以证明一次点击技术无论是在商业领域还是计算机技术领域的确存在技术创造，而且一次点击技术在使用中能够吸引更多的顾客，具有重大的商业价值，Barnesandnoble.com公司使用其一次点击技术给其造成了巨大的损失。

本案中双方的争议焦点在于系争专利是否具有创造性上。被告为了证明原告的专利落入了在先技术范围，提供了与系争专利有关的两个技术领域的在先技术，即在线订购技术和电子文件传递技术。原告针对上述举证，从其专利的技术进步性和非显而易见性方面进行了论证，又从该专利的实用价值方面进行了说明，即其销售额因使用了一次点击技术而大为提高，且该专利被许多网站模仿。地区法院在分析了被告引述的在先技术之后认为，在先技术中没有一项涉及或描述了该专利的一次点击购物技术，所有的参考资料说明的是一种网上购物的方法，但没有任何一种方法是用一次点击的方式完成该网上购物程序，因此在先技术和该专利之间存在着显著的差异。此外，地区法院还认为在互联网商务（电子商务）领域内普通技术人员是不会轻易想到使用一次点击的购物方法的。为支持该结论，地区法院对被告公司的技术专家Dr. John Lockwood的证词进行了重点分析。Dr. John Lockwood证明尽管他对网上购物筐（WebBasket）很在行，也对其他网上购物程序很熟悉，但他从来没有想过用单一的行为方式进行网上购物，虽然这种软件的修改很容易实现。最后，地区法院同样也因为该技术取得了商业上的成功而被其他网站进行复制和模仿而认定一次点击技术具有非显而易见性。根据上述理由，地区法院认定系争专利具有创造性，确定Amazon.com公司已经充分证明了侵权的存在，因此作出了有利于Amazon.com公司的判决，并有效地使Bamesandnoble.com在其系统的顾客和最终购买活动之间增加了一次鼠标点击（即双击或多击）。[1]

地区法院对一次点击专利创造性的判定，在许多人看来都是令人困惑和感到奇怪的。有人从以下两方面分析了地区法院在判定该专利

---

[1] 巫玉芳．美国互联网上商业方法专利保护简介［J］．电子知识产权，2002（4）：34.

创造性中存在的问题：一方面，地区法院以在先技术中不存在与一次点击技术完全相同的技术而认定在先技术和专利之间存在显著的差异，从而认定该专利具有非显而易见性，这是错误的。上述事实的存在充其量只能证明系争专利具有新颖性，而不能证明其具有创造性。在本案中，在原告申请专利之前，在现实中已经出现了尽量减少点击数以方便用户的技术思想，只是没有明确出现“一次点击”的实例，但最终将点击数降低为“只点一次”在逻辑上是顺理成章的发展趋势。因此，不能肯定一次点击技术的非显而易见性。另一方面，真正影响法官作出认定原告专利有效的判决的是原告提出的该专利具有重大商业利益、具有重大实用价值的主张。在认定创造性时，实用价值的大小可以作为一个辅助标准，只有在主要的技术创新程度难以确定时才可以采用，但在本案中该辅助标准却起到了决定性的作用。❶上述关于地区法院创造性认定不能成立的分析是切中要害且非常有道理的。减少交易环节、节省交易成本是商业交易发展的必然趋势，且在本案中，根据创造性审查的一般判定方法，系争专利根据在先技术可以符合逻辑地推导出来，这说明系争专利不具有创造性，在这种情况下，就不再需要通过商业成功等辅助性判断标准进行创造性审查。因此，地区法院的认定是有问题的。

值得一提的是，在该案上诉过程中，上诉法院肯定了上诉人即被告提出的对专利有效性尤其是针对显而易见性的根本质疑，并撤销了临时禁令，将案件发回地区法院作进一步审理。

2. Priceline. com 的网上反向拍卖方法专利的创造性

Priceline. com 公司拥有的名为“在加密的商业网络中便于买方出价的方法和设备”专利是由 J. Walker 发明的，1998 年 8 月 11 日获得 USPTO 授权，该专利方法广泛应用于网上预订机票、旅馆等商业服务中，与通常交易方法的不同之处在于，其是由买方先出价，因此也被称为网上反向拍卖专利。该专利的独立权利要求如下：一种利用计算机处理一个卖主和至少一个买主之间的交易方法，该方法由下

---

❶ 董成良．软件专利及其创造性［J］．网络法律评论，2003（3）：151.

列步骤组成：（1）将一种附条件（含有要约价）的购买要约输入计算机；（2）将一个付款识别器所指明的信用卡记账号码输入计算机，该付款识别器与上述附条件的购买要约相连接；（3）在收到付款识别器的信号后，将附条件的购买要约输出给卖主；（4）将从卖主传出的接受附条件购买要约的信息输入计算机；（5）通过付款识别器将价款支付给卖主。[1]

从计算机技术方面看，该专利主要涉及网上传输和保密技术，这早已是互联网中应用广泛的普通技术，不能据此肯定该专利具有创造性。该专利方法被使用后取得了巨大的成功，这主要是因为它根据“袖笼交易”的经济理论通过互联网实现了卖方和买方的利益最大化。

机票买卖是网上反向拍卖专利方法应用的一个主要领域。该领域传统的交易方法是由航空公司确定航班和价格。航班确定后，没有特别的情况，航空公司是不会取消预定的航班的，而机票的价格在相当时期内基本上是固定的。采用上述交易方法，在航空公司不能预先掌握机票的需求，潜在购买者不掌握机票的供给，且机票价格又是固定的情况下，就会产生如下问题：一般国民出行时间有弹性，但考虑到机票价格高于其他交通工具价格，会选择其他交通工具出行；而对于一些商务旅行者来说，他们的时间显得非常紧要，机票的价格不是问题。最终的结果是，航空公司的舱位存在闲置，不能得到充分利用，造成运力资源的极大浪费；急于商务旅行者在机票紧张时无法满足其乘坐飞机的需要。造成上述问题的根本原因在于，潜在乘客与航空公司票价定价人之间存在信息不对称和操作上的隔阂。

在机票买卖中，以下供需状态是买卖双方最期盼的，即，潜在乘客在各自的效用曲线上实现自己的需求，航空公司在充分了解潜在乘客的需求的基础上完成供给，从而使双方利益之和最大化，这就是所谓的帕累托最优的状态。如何实现上述共赢局面，这个问题困扰了J. Walker 相当长时间。J. Walker 在搔了多年的头皮后，终于想出了

[1] 巫玉芳．美国互联网上商业方法专利保护简介［J］．电子知识产权，2002（4）：35.

解决问题的办法，那就是让买方先报价。在这种情况下，买方对于交易条件拥有一定的控制权，其根据自己的需求向卖方报出自己可以接受的价格，卖方也可以有效地接触到众多的潜在买方，并与潜在的买方沟通交易条件，在此基础上了解其产品的潜在市场。通过这样的交易，买方的出价使其效用达到了最大化，航空公司的闲余舱位也得以售出而获得净增利润，交易当事人双方都因此产生了福利增量。此外，这种交易方式基本上是以计算机来完成的，因此交易成本低，而且买卖双方在交易过程中还可以保持匿名，使交易在更为富有弹性的沟通中进行。[1]

在现实世界中，网上反向拍卖方法专利取得了非常大的商业成功，为交易当事人双方都带来了利益。其成功得益于买方反向叫价的创新，这种创新需要长期的商业实践和对供求分析、需求弹性、边际效用等经济理论的深入把握，但无论如何，这种创新本质上都是一种商业模式的创新。尽管这种商业方法通过计算机技术得以实现，但实现其的技术手段本身对计算机技术领域的一般技术人员来说，是显而易见的。

综上，这种通过计算机网络实施的反向拍卖方法专利，从计算机技术本身来看是不具有创造性的，其创造性的认定显然是从商业方法本身作出的。

3. 戴尔（Dell）公司拥有的顾客订购方法专利的创造性

与反向拍卖方法专利一样，戴尔（Dell）公司拥有的顾客订购方法专利的创新之处也在于其销售方法本身，该专利方法使戴尔公司成为最大的网上电脑销售商，但其创造性并不体现在技术上，正像他人所评价的，戴尔公司高科技成功的秘密与技术本身几乎无关。[2]

4. 总结分析

从上述三个商业方法专利的创造性来看，只要商业方法本身是非

---

[1] 张澎．经济营运模式的产权化表达［J］．外国经济与管理，2002（6）：76.

[2] （美）凯文·G·里韦特，戴维·克兰．尘封的商业宝藏［M］．陈彬，杨时超，译．北京：中信出版社，2002：33.

显而易见的，无论实施该方法的计算机技术是不是显而易见的，该商业方法从整体上就能通过美国的创造性审查。尽管USPTO倾向于要求商业方法专利审查人员具有计算机技术和相关商业领域两方面的知识，但对商业方法专利申请的创造性却不是要求两方面都具备，其显然没有将创造性严格要求于技术领域之内。此外，上述三个商业方法专利的实施在商业世界都取得了极大的成功，在“一次点击”方法专利案中，该商业成功还是地区法院作出系争专利具有创造性认定的决定因素。可见，美国在商业方法专利审查中，对创造性的认定往往以实用价值为导向，实用价值越大就越有可能被认定为具有创造性。这无疑会形成一个怪圈：以计算机实施的一种商业模式越具有实用价值，也就越容易授予专利；而实用价值越大，往往意味着垄断利益越大；最终的结果就是越大利益垄断的专利申请越容易被审查通过。[1]这显然加剧了专利权人与社会公众之间利益的不平衡。

[1] 董成良．软件专利及其创造性［J］．网络法律评论，2003（3）：151.

第五章　商业方法的可专利性分析

商业方法的可专利性应当是本书所要解决的最主要的问题。商业方法专利自从在美国首先被确认后，日本紧跟美国出台了多项政策以加强商业方法专利保护，欧洲则围绕商业方法专利展开了激烈的争论，这是本书第一章的内容。从商业方法专利这一现象入手，本书第二章深入分析了商业方法的定义和特征。而我们需要最终解决的是，是否应当为商业方法提供专利保护？这不仅仅是商业方法的专利客体地位问题，也要受到商业方法发明的专利实质审查的影响。对于这两个前提，本书已在第三章和第四章进行了深入探讨。在前面各章内容的基础上，该部分将进一步分析商业方法的可专利性。

第一节　方法专利的判断原则

商业方法发明属于方法发明，对商业方法可专利性的判断需要建立在对方法作为专利客体的认定的基础上。

方法作为专利客体并不是与专利同时产生的。专利法意义上的专利客体经历了从有形产品到无形方法的拓展过程。在专利法早期，人们意识中的发明似乎都是看得见、摸得着的有形物体，而对于没有具体的物理结构和形状的方法发明，人们常常觉得过于抽象，总是将其排除在专利保护范围之外。然而，随着科学技术的发展，许多有价值的技术方法得以发明出来，这些方法促进了科技的发展，便利了人们的生活，理应受到法律保护。为了将能够受到专利保护的方法发明与不受专利保护的抽象思想、原则区分开来，人们对作为专利客体的方法进行了定义，并提出了方法专利的判断原则。由于我国专利制度建立晚，我国专利立法是直接引进他国专利理论和制度，对许多专利基本问题没有进行过充分讨论，如专利客体从产品到方法的拓展等。现在，让我们以专利制度比较完善的美国和欧洲的实践为例，对方法专利的判断原则进行回顾和分析。

一、方法专利判断原则在美国的演变

根据美国现行专利法第101条，专利客体包括方法（Process）、机器、产品和物质合成。现行专利法第100条之（b）也对方法做出了界定："方法（Process）一词是指方法（Process）、技艺（Art）或方式（Method），包括对已知方法、机器、产品、物质合成和材料的新的使用。"该定义在某种程度上有些循环定义之嫌。为了更为准确地把握方法作为专利客体的条件，让我们从几个典型案例入手，对方法作为专利客体的地位在美国专利实践中的确立进行梳理。

（一）物理转换——商业方法专利时代以前的标准

最早的关于方法的定义是在1877年的Cochrane v. Deener案中。在该案中，最高法院将方法定义为：处理特定物质材料以产生预期结果的模式，它是实施于客体的一个或一系列行为，从而使客体转换成或促使其变成一种不同的状态或事物。该案涉及一项可以提高面粉质量的方法专利权利要求。该方法包括如下几个步骤：首先将超细面粉分离，而后通过筛选和风吹去除杂质，最后再对已经净化的粗面粉进行再研磨。上述权利要求没有被限定于任何特殊的机器。法院认为，根据上述关于方法的定义，该方法是可专利的。从这个判决中，我们可以得出如下解释，一个方法如果包括一系列执行于物质材料的动作，且该动作导致该物质材料被转换成不同的状态或事物，那么该方法就是可专利的。

在1880年的Tilghman v. Proctor案中，最高法院也对方法的可专利性进行了考虑。该案涉及一项通过高温高压注水从体内多脂肪部位制造出脂肪酸和甘油的方法权利要求。在该方法中，由于高温高压的原因，脂肪发生了变化。该方法的发明人Tilghman曾经使用不同的机器执行该方法，因此该方法没有被限定于任何特殊的设备。在该案中，最高法院引用了1853年最高法院的一个判例，该判例对方法进行了如下定义："机器一词包括依赖机械力和设置执行一定功能或产生一定影响或结果的每一机械装置或其联合。但是，通过化学反应、通过某一自然元素或自然力的操作或应用、或一物质对另一物质产生影响或结果，这样的模式（Mode）、方式（Method）或操作（Operation）叫做方法（Process）。”在该案中，法院认为，该方法的化学原理或科学事实是，中性脂肪的组成元素如果分别与同原子等量的水相结合便可以彼此分离。这一科学事实并非 Tilghman 所发现，他只是发现了一种特殊的方法以从脂肪元素与水之间得到想要的化学物质组合，该方法是符合有关方法的定义的。从 Tilghman v. Proctor 案中可以得出如下解释：如果一个方法权利要求引述了一化学反应、某一自然元素或自然力的应用，或物质之间的互相作用，该权利要求将满足方法的要求，将被认为是法定客体。Tilghman 的权利要求包括了化学反应和自然力的应用（如加热），因此属于法定客体。无疑，该案涉及的方法造成了从脂肪到脂肪酸和甘油的物理转换，但该案还强调了导致该转换的发生是由于使用了自然力并引起了化学反应，这似乎与德国和日本关于发明的定义相一致。❶

几十年后，最高法院在 Gottschalk v. Benson、Parker v. Flook 和 Diamond v. Diehr 三案中力图说明什么是法定方法。

在 1972 年的 Gottschalk v. Benson 案中，系争专利涉及一项利用数字计算机将 BCD 码转换为纯二进制码的方法。法院认为，该方法并不限于任何特殊的技术和特殊的机械或任何特殊的终端用户，其权利要求十分抽象和概括，试图覆盖所有的已知和未知的该转换方法的应用。法院在分析了以往有关方法专利的案例后指出，将物体（Aticle）转变成另一种不同的状态或事物是考察那些不包括特定机器的方法的可专利性的线索。但令人不解的是，法院似乎抛弃了上述主张，即方法权利要求或者必须与特定的机器相连，或者必须通过操作将一种物体或材料改变成不同的状态或事物，最后以如下理由驳回了系争权利要求，即，该权利要求力图全部先占数学公式，结果将导致

---

❶ BRADLEY C. WRIGHT. Business method patent: are there any limits [EB/OL]. [2003 - 11 - 29]. http://www.jmls.edu/ripl/vol2/issue1/wright.pdf.

对算法本身授予专利。因此，对该案的最好解释是，对数学公式提出的权利要求实际上是先占了该公式，因此是不可专利的。在该案判决中，除了这个否定的限制外，没有对方法定义的进一步的精确描述。由于法院在判决中并没有对方法专利必须能够改变物体或材料进行深入讨论，也不是以此为理由驳回该专利，因此所谓的方法专利必须能够改变物体或材料的主张只是法官判决的附带意见（Dictum），并无判例效力。❶

在 1978 年的 Parker v. Flook 案中，最高法院否定了一个方法权利要求。该权利要求是一项在催化转换过程中校正警戒线的方法，其新颖性在于所运用的数学公式。最高法院认为，该项权利要求不属于专利法意义上的方法，因为其新颖性在于数学算法，而数学算法是不能被授予专利的。一旦算法部分被认为不可专利，则权利要求的剩余部分仅仅描述了一个不可专利的传统方法。在意见的最后，法院指出，一项关于改进的计算方法的权利要求，即使与特定的应用相联系，也不是专利法第 101 条下的法定保护客体。在一个注释中，法院指出，虽然有这种看法，即只有当方法与特定装置相联系或将材料转换为不同的状态或事物，其才是法定的方法。但在 Benson 案中，我们认为，即使当方法没有满足早期判例中提出的要求，也可能被授予有效的方法专利。❷

在三年后的 Diamond v. Diehr 案中，最高法院回顾了 Cochrane v. Deener 案和 Gottschalk v. Benson 案中对方法的定义和补充，并根据该定义和补充对本案中涉及的一项将原始的未硫化的合成橡胶模压成硫化准确产品的方法的权利要求进行了分析。法院认为，模压准确的合成橡胶产品的物理化学方法，属于第 101 条下的可取得专利权的法定客体，该权利要求涉及一个物品的转换，即将原始的、未硫化的合成橡胶转化为一种不同的状态或事物，该权利要求详细描述了该方法的每一步骤，即从开始将原始的、未硫化的橡胶注入模具，到最后

❶ Gottschalk v. Benson，409 U. S. 63（1972）.

❷ Parker v. Flook，437 U. S.（1978）.

硫化结束时开模这样一个完成过程，诸如此类的工业方法是在历史上早已获取专利法保护的种类。❶

在 1994 年的 In re Schrader 案中，由于 CAFC 认为权利要求中根本没有任何物理的东西，因此是不可专利的。该案涉及一项关于竞争性地投标的方法的专利申请，CAFC 认为，该方法只包括任何信息交换和数据处理，而不包括使一件物品转变或处于一种状态或事物的方法，因此不属于专利法第 101 条规定的方法客体。❷

通过以上对有关方法专利案例的回顾，我们发现，在商业方法专利以前，认定方法权利要求符合专利客体的原则就是有物理转换，即将一件物品从一种状态或事物转化为另一种状态或事物。然而，随着与计算机软件有关的数据处理发明的增多，越来越多的数据处理类专利因其效力存在争议而被诉至法院。在这些案例面前，CAFC 的看法发生了改变。在 1998 年的 State Street Bank 案和 1999 年的 AT&T 案中，CAFC 得出结论，物理转换不再是必要的，而实际效果，即是否产生实用的、具体的和明确的结果是判断应否受到专利保护的标准。

（二）实用的、具体的和明确的结果——商业方法专利时代提出的新标准

1998 年的 State Street Bank 案被认为是确认商业方法专利客体地位的第一案，在该案中，CAFC 提出了判断方法专利的新标准。CAFC 认为，对一客体是否应受到专利保护，应将判断标准放在客体的本质特征上，尤其是它的实用效果，即实用、具体和明确的结果。而本案涉及专利所产生的实用效果是以数字来表示的最终的共享价格，该共享价格可以用来记录、报告或被主管当局在后来的交易中所接受和依赖。

在 1999 年的 AT&T 案中，CAFC 重申了其在 State Street Bank

❶ Diamond v. Dieh，450U. S. （1981）.

❷ BRADLEY C. WRIGHT. Business method patent：are there any limits［EB/OL］.［2003－11－29］. http：//www. jmls. edu/ripl/vol2/issue1/wright. pdf.

案中提出的判断方法专利的标准。在该案中，AT&T 公司拥有的专利名称为“电话系统通话信息记录器”，能够区别显示是否为特定的长途电话服务商，从而作为处理和收费的依据。1996 年，AT&T 公司起诉 Excel 公司侵犯其专利权。地区法院判决该专利中的五项方法权利要求均为非专利保护客体。AT&T 公司上诉至 CAFC。CAFC 认为，上述方法权利要求中的算法被应用于有用方式，产生了一个实用的、具体的和明确的结果，而没有先占数学原则的其他使用，因此是可专利的。Excel 公司则根据 Diamond v. Diehr 案和 In re Schrader 案的判决主张，上述方法权利要求由于没有物理转换而属于无效。Plager 法官认为，物理转换这一观念很可能被错误地理解了，物理转换不是一个恒久不变的要求，而只是数学算法产生实用效果的一个例子。CAFC 则指出，我们的要求集中于数学算法是否被应用于一个产生有用结果的实用方式。[1]

AT&T 案的判决再次肯定了 State Street Bank 案提出的新标准。CAFC 指出，只要满足了实际应用要求，就不再需要任何物理转换。这反映了美国对方法专利的扩大保护趋势。按照上述原则，很少会有商业方法专利申请不能够满足实际应用这一要求。

二、欧洲对方法专利的判断要求

《欧洲专利公约》第 52 条规定了可以获得专利保护的发明所应具备的实质条件，但没有对发明的类型作出划分。在审查实践，无论产品发明，还是方法发明，技术性是其可专利性的条件。对于产品来说，一般认为其天然具有技术性。对于最终有物理转换的物理方法或化学方法来说，其技术性也是不难理解的。但对于不以产生物理转换为目的的商业方法来说，如何体现或判断其技术性，是一难于回答的问题。在此，本书将结合欧洲专利局上诉委员会于 2000 年 9 月 8 日

[1] BRADLEY C. WRIGHT. Business method patent：are there any limits [EB/OL]. [2003-11-29]. http：//www.jmls.edu/ripl/vol2/issue1/wright. pdf.

作出的 Pension Benefit 案（T931/95）裁决[1]对其有关方法专利的判断要求进行分析。

（一）技术性——可专利性的本质必要条件

发明如果没有技术性（Technical Character）将被排除在专利保护之外，《欧洲专利公约》虽然对技术性要求没有作出明确规定，但欧洲专利局上诉委员会一直认为，可专利的发明必须具有技术性，这是基于对《欧洲专利公约》第 52 条之（2）的推理，因为该条所列举的活动（如科学理论、信息的显示）都是某种非技术性的事物；而且《欧洲专利公约实施细则》第 27 条之（1）（关于说明书的内容）和第 29 条之（1）（关于权利要求书的形式和内容）要求申请人根据发明的技术特征描述定义发明，这也暗示了可专利的发明必须具有技术性。在 2000 年，《欧洲专利公约》被修改，已将发明必须是技术领域的要求包括进去，但该修改案尚未生效。[2]

如果将技术性作为可专利性的条件，就需要回答何为技术性这一问题。在 Sohei 案（T769/92）的裁决中，欧洲专利局上诉委员会提出，如果发明包含技术考虑（Technical Considerations）在内，发明就具有技术性。技术考虑存在于以下方面：被申请专利的发明所解决的基本问题（the Underlying Problem），问题解决方案的手段，问题解决所达到的技术效果（Technical Effects）。在 Pension Benefit 案中，上诉委员会再次肯定了发明的技术性为可专利性的本质必要条件，并指出，如果发明达到了某种技术效果，或者为了实现发明需要技术

[1] 该案是欧洲专利局上诉委员会关于商业方法专利的最新裁决，被认为是欧洲专利局在商业方法专利保护方面向美国专利审查实践靠拢的重大案例。该案涉及的专利申请名为“改进的养老金收益系统”（Improved pension benefits system），其独立权利要求 1 是一个养老金收益控制方法，权利要求 5 是一个控制养老金收益系统的装置。该申请于 1988 年 3 月提出，1995 年 7 月 7 日欧洲专利局作出驳回决定，理由是与商业方法有关的申请，没有任何技术特征，根据《欧洲专利公约》第 52 条之（2）和（3）不可专利。1995 年 9 月 8 日，申请人提出上诉。欧洲专利局上诉委员会于 2000 年 9 月 8 日作出裁决，维持了原驳回决定。

[2] The patentability of business methods at the European Patent Office［EB/OL］.［2005－01－10］. http：//www.iusmentis.com/patents/businessmethods/epc/.

考虑，那么这种发明就是《欧洲专利公约》第 52 条之（1）意义上的发明。

对于非技术特征对发明的技术性的影响，欧洲认为，发明的技术性不应当受到被欧洲专利公约排除在专利保护之外的其他特征的存在的影响，这样，技术特征（Technical Features）与非技术特征的组成也可专利，只要非技术特征有助于整个技术效果。❶

（二）欧洲专利局对技术性的解释——放松了对方法的专利保护

计算机作为物理装置，无疑具有技术性。计算机程序加载于计算机时，能够使计算机表现出一定行为，这被认为构成技术效果，于是得出这样的结论，计算机程序具有技术性。然而，这就使《欧洲专利公约》关于程序不可专利的排除规定没有意义。为与《欧洲专利公约》相一致，欧洲专利局在其审查实践和审查指南修改中，将计算机程序的技术性解释为进一步的技术效果，即超出软件和硬件之间的正常交互作用的效果，这样，用于计算机的程序只有产生进一步的技术效果时才是可专利的。对此，本书前面部分已进行了详细论述。

对于产品权利要求，在 Pension Benefit 案中，上诉委员会肯定了申请人所提出的商业方法装置的可专利性。上诉委员会指出，根据《欧洲专利公约》第 52 条之（2）c 的规定，商业活动的方案、规则和方法是经济和商业领域中不可专利之类，但该排除规定只是指方法权利要求，物理实体或产品意义上的装置并未规定在其中。在上诉委员会看来，适当程序化的计算机系统，被应用于特殊领域，甚至经济和商业领域，就具备了为实用目的而人工制造的物理实体类的装置的特征，这是符合发明的技术性要求的。可见，根据上诉委员会的解释，产品权利要求自身就具有技术性，产品权利要求天然就满足技术性的要求。

对于方法权利要求的技术性，上诉委员会在 Pension Benefit 案中也提出了判断标准。上诉委员会认为，系争专利申请中的独立权利

---

❶ The patentability of business methods at the European Patent Office [EB/OL]. [2005 - 01 - 10]. http://www.iusmentis.com/patents/businessmethods/epc/.

要求 1 作为方法权利要求，其全部特征在于处理和提供信息的步骤，而信息具有纯粹的管理性、保险统计性或金融性特征；处理和提供这类信息是典型的商业或经济方法的步骤，因此，该权利要求的发明未超越商业方法本身，依据《欧洲专利公约》第 52 条之（2）c 和之（3）被排除在可专利性之外。针对上诉人提出的方法权利要求中定义的数据处理和计算手段赋予方法以技术性的主张，上诉委员会认为：定义方法的单个步骤结合起来，与利用数据处理手段来处理或提供纯粹管理性、保险统计性或金融性信息的总方案相同，因为单个步骤和整体方法的目标是纯经济性的。为了纯非技术目的和/或为了处理纯非技术信息而利用技术手段，并不必然赋予利用该技术手段的单个步骤或整体方法以技术性质；事实上，在人类文明的非技术领域的任何活动中，都包含有物理实体，并且都在或多或少的程度上使用了技术手段。针对上诉人为支持其请求所引用的欧洲专利局决定，上诉委员会也再次解释了决定认定系争专利申请为何具有技术性：T208/84 决定涉及的方法权利要求是“数字化处理图像的方法”，该方法因其是在一个物理实体上完成的而被认为本质上是一种技术方法；[1] T769/92 决定涉及的方法权利要求是“操作多种独立管理的计算机系统的方法”，该方法的步骤与定义方法所操作的计算机系统的功能性特征联系得非常紧密，该方法因其执行时隐含了技术考虑的需要而被认为具有技术性，且该方法及其单独步骤的目标仍然是技术的，即操作技术系统，这也保证了方法的技术性。[2] 上诉委员会还指出，T1002/92 决定涉及的“用于确定在多个服务点为顾客服务的队列序列系统”在本质上是技术的，是因为其被认定为三维装置。[3]

我们可以把欧洲专利局上诉委员会对于技术性的解释概括为以下三点：（1）产品权利要求因产品属于物理实体而天然地具有技术性；（2）方法权利要求如果体现为三维装置（即物理实体）或在物理实体上运行，或其包含技术考虑，则具有技术性；（3）方法为单纯非技术

[1] Vicom/Computer - related Invention（T208/84，2 E. P. O. R. 74，1987）.

[2] Sohei/General Purpose Management System（T769/92）.

[3] Queueing system/petterson（T1002/92）.

目标和/或为了处理单纯非技术信息而利用了技术手段，并不必然赋予方法以技术性。上述三点，对于第一点，还是比较容易理解的。对于后两点，似乎都有点循环定义之嫌，因为其以是“技术考虑”、“技术手段”、“非技术目的”和“非技术信息”来解释方法权利要求的技术性。此外对于第二点，由于对文字表述稍加改动就可以将方法权利要求转换成产品权利要求，所以对方法权利要求实际上并没有起到任何限制作用。同样，对于在计算机程序操作下运行的计算机，其无疑属于物理实体，可以作为产品权利要求，但对于可程序化的通用计算机来说，其区别不在于物理结构上，而在于内部的运行特征或所处理的信息上，如何判断其是否具有技术性，这是所有与计算机有关的发明（包括以计算机实施的商业方法发明）所面临的重要问题。有人认为，根据欧洲专利局的案例，以下活动属于技术性的：(1) 物理数据（Physical Data）的处理。代表的图像（Image）或特点（Parameters）的数据、工业过程控制中的价值属于物理数据，但金钱价值、商业数据或文本不是物理数据。(2) 对影响计算机操作的方法的处理。如，节约存储，提高速度，改进安全性，操作一个使用者界面，构造一个操作系统，协调和控制内部数据，或者在数据传输中帮助解决诊断问题。如，使用计算机而不是由人处理秘密数据将会提高安全性。❶

欧洲专利局的上述做法影响了2001年10月专利局审查指南的修改。指南在针对计算机程序的审查时指出，如果一个申请专利的发明不具有初步的技术性，它应当根据《欧洲专利公约》第52条之(2)和(3)被驳回。然而，在审查以计算机实施的发明的实践中，对于审查员来说，先直接审查新颖性和创造性而不预先考虑技术性，可能更为适当。这样，以计算机实施的发明被推定具有技术性，这为以计算机实施的发明的专利保护打开了大门。而商业方法发明绝大多数是通过计算机实施的，因此商业方法的专利保护条件也因此而被放松。

---

❶ The patentability of business methods at the European Patent Office [EB/OL]. [2005-01-10]. http://www.iusmentis.com/patents/businessmethods/epc/.

（三）技术贡献——拉紧了对方法的专利保护

从前述可知，欧洲专利局审查实践和指南推定以计算机实施的发明具有技术性，这对于绝大多数商业方法发明来说，意味着其跨过取得专利保护的第一道门槛是相对容易了。但在专利保护的第二道门槛即专利实质条件方面，欧洲专利局上诉委员会在 Pension Benefit 案中的裁决中提出的创造性判断标准却拉紧了商业方法的专利保护。在该案中，欧洲专利局上诉委员会提出，附加请求 1 的权利要求 1 的主题可能被认为是欧洲专利公约第 52 条之（1）意义上的发明，但其不具备欧洲专利公约第 56 条意义上的创造性，因为依据申请发明所展望的改进基本上是经济领域的，这是不能促进创造性的。只有当发明的改进是对技术领域的改进，才能具有创造性，才可以受到专利保护。可见，在欧洲，商业方法的专利保护是借助于其技术实施手段而实现的。

对于技术贡献的要求，欧洲议会于 2003 年 9 月 24 日通过的《以计算机实施的发明的可专利性指令》进一步指出，为了具有创造性，必须具有技术贡献，技术贡献是具有创造性的必要条件，而技术贡献是指对技术领域现有技术的贡献。虽然该指令尚未生效，但也可表明，欧洲在商业方法专利保护上仍然坚持了技术性要求的严格态度。

综上所述，欧洲对商业方法的专利保护要求与美国显然是不同的。在美国，商业方法可专利的标准是该方法产生的结果是实用的、具体的和明确的，而且，商业方法专利的创造性要求与以往普通专利是不一样的，商业方法专利的创造性不在于其所使用的技术的创造性，而在于其所含的商业方法本身的独特性，[1] 这实际上改变了传统专利法的要求，对传统专利法理论提出了挑战。但欧洲对商业方法发明的创造性评价仍然是从技术角度出发的，坚守了传统专利法的要求。

---

[1] 朱理．欧洲专利局对商业方法专利的态度［J］．网络法律评论，2002（2）：169.

第二节　商业方法可专利性之争

CAFC在State Street Bank案中采用实用性的判断标准认定了一项商业方法专利，该案也被认为是导致商业方法专利产生的第一案，该案所确认的商业方法专利是通过计算机软件实施的，实际上，是商业方法软件发明。然而，美国关于商业方法专利的司法实践并没有得到理论界的一致认可和其他国家专利实践的共同追随。相反，State Street Bank案在美、日、欧引发了商业方法专利大战，一方面，申请人积极提出商业方法专利申请，意欲抢占未来电子商务中的有利位置，而专利权人为打击侵犯其商业方法专利的行为而提起的专利诉讼也在增多；另一方面，商业方法作为专利客体虽然在实践中和政策上得到确认，但在理论上仍然存在争议，国外有许多学者和专家纷纷撰文表达和深入论证了其反对商业方法专利的理由。

一、反对商业方法专利的理由

在State Street Bank案之前，存在商业方法专利客体除外原则，而软件能否受专利保护也存在争议，State Street Bank案所确认的商业方法专利的客体实际上是商业方法与软件相结合的发明。有人认为，反对商业方法专利的理由，主要是反对软件专利的观点。实际上，反对商业方法专利者不仅仅从反对软件作为专利客体的角度，更从反对任何商业方法作为专利客体的角度论证了其反对意见。概括起来，反对商业方法专利的理由主要有如下几点：

（一）从根本上说，商业方法与科学技术不同，二者的创新需要不同的激励机制

科学创新之所以需要专利保护来促进，在于科学发明的研发成本大，而且容易被搭便车（free ride），如果在公开市场上不限制竞争者擅用和买卖科学发明，其研发成本是很难收回的；赋予发明人对其科学发明享有专利权，就能保证其收回研发成本并赚取利润，从而激

励和促进科学发明的发展。❶ 而商业创新，为创新者提供了在市场中的竞争优势，其本身创造的经济激励能够充分地鼓励商业活动中的创新和发展。❷ 也就是说，商业方法本身能够为其拥有者带来收入，商业方法与其他可专利客体不同之处在于，商业方法的创新不存在生产不足的情形，利益会驱使大家创新商业方法，不需要授予创新者排他性权利以促进商业方法的发展。❸

（二）商业方法过于抽象以致于使法律不能对其垄断权的范围进行限制以适当平衡对创新的回报和自由竞争的需要❹

从美国授予的商业方法专利来看，被授予专利的商业方法的抽象性体现在，商业方法本身的步骤虽然是明确的，但商业方法适用的领域却是非常广泛的，是无法具体列明的；实施该商业方法的技术手段也不是惟一的。因此，商业方法的权利范围往往是很广的。在这种情况下，商业方法专利作为一种垄断权，如何平衡权利人与社会公众的利益，如何避免其对自由竞争的不良影响，是很难掌握好尺度的。

（三）先行优势（First Mover Advantage，or Head Start Advantage）或竞争优势、商标忠诚以及使用新商业方法所节省的成本能够为商业方法的发展提供充分的激励

所谓先行优势，是指首先发明一个有用概念或首先发现和成功地打开一个不发达的市场所产生的利益。对于商业方法发明者来说，是指其作为首先发明人所排他地享有的资金回报。通常情况下，商业方法发明者相对于其竞争者来说，在其竞争者发展商业方法以使自己能

❶ BRADLEY C. WRIGHT. Business method patent：are there any limits［EB/OL］.［2003-11-29］. http：//www.jmls.edu/ripl/vol2/issue1/wright.pdf.

❷ BRADLEY C. WRIGHT. Business method patent：are there any limits［EB/OL］.［2003-11-29］. http：//www.jmls.edu/ripl/vol2/issue1/wright.pdf.

❸ 陈俊宏．违宪的商业方法专利［EB/OL］．［2003-11-29］. http：//home.kimo.com.tw/yangjames2000/translate/029.htm.

❹ OLSWANG. The first mover monopoly［EB/OL］．［2004-07-26］. http：//www.oiprc.ox.ac.uk/EJWP0500.pdf.

够在市场中参与竞争这段时间里，持续地享有竞争优势。[1] 先行优势为商业方法发明人所带来的利益是令其满意的。[2]

首先发展商业方法者还可通过宣传其商标从战略上战胜其竞争者，从而使先行优势得以扩大。享有先行优势的企业可以为自己注册一个商标，通过商标来指示自己所使用的商业方法，通过商标在未来的几年里影响消费者的决定，培养消费者对该商业方法的忠诚。这样，一个有效的商标可能延长企业的竞争优势，即使在其竞争者实施了相关商业方法和技术之后。而且，商标扩大先行优势时期的能力在网络商业环境下尤为显著，包括 Amazon、Yahoo、eBay 等在内的许多企业都因能够扩大先行优势而占据了市场主导地位。[3] 如，Amazon 是第一个使用一次点击技术的企业，它在其竞争者之前就与消费者建立了这种关系，已经使用 Amazon 的便利设备的消费者仍然会保持这种习惯，即使其他竞争者后来也引进了相似的设备，消费者也不会轻易改变。[4]

至于新商业方法能够提高效率、减少成本，这是不言自明的，也无疑成为促使企业创新商业方法的内在动力。[5]

（四）对商业方法进行专利保护将导致非常高的社会成本

专利使受其保护的产品和服务价格更高、数量更少，而且，专利提高了积累发明（Cumulative Invention）的成本，因此，所有的专利都有成本。但是，商业方法专利比其他专利的成本要高得多。[6] 商

---

[1] NICHOLAS A. SMITH. Business method patent and their limits [EB/OL]. [2003-11-29]. http://www.mttlr.org/volnine/Smith.pdf.

[2] MICHAL LIKHOVSKI. Fighting the patent war [J]. European Intellectual Property Review, 2001 (6): 272.

[3] NICHOLAS A. SMITH. Business method patent and their limits [EB/OL]. [2003-11-29]. http://www.mttlr.org/volnine/Smith.pdf.

[4] OLSWANG. The first mover monopoly [EB/OL]. [2004-07-26]. http://www.oiprc.ox.ac.uk/EJWP0500.pdf.

[5] MICHAL LIKHOVSKI. Fighting the patent war [J]. European Intellectual Property Review, 2001 (6): 272.

[6] OLSWANG. The first mover monopoly [EB/OL]. [2004-07-26]. http://www.oiprc.ox.ac.uk/EJWP0500.pdf.

业方法所产生的巨大的经济成本，不仅存在于强加于消费者身上的高价格，而且体现在将来创新成本的提高上。将来创新总是在以往发明的基础上进行的，是对积累知识的再发展，而要利用受到专利保护的以往发明进行再创新，势必会导致高价格。对以往发明拥有垄断控制权的专利权人，尤其是不愿发放许可协议的专利权人，很可能将阻止其他人以专利权人没有考虑到的方式在以往发明的基础上进一步创新，这加强了对将来创新的发展的干预，[1] 也进一步提高了将来创新的成本。

此外，企业长期以来是在其所提供的商品和服务的价格和质量的基础上开展竞争，如果为商业方法提供专利保护，意味着竞争的焦点将从服务的价格和质量转向对商业方法专利权的拥有上，这样对消费者显然是不利的。[2]

（五）为商业方法提供专利保护与市场经济的自由竞争本质相违背

商业方法专利集中在网络和电子商务环境下，而绝大部分网络企业是小企业，他们缺乏资金去获得专利和通过起诉保护专利。为网络商业方法提供专利保护，将预示着不能再自由经营网络商业，将会影响到可与现在企业进行竞争的新企业的建立，从而阻碍了竞争。[3] 因此，为商业方法提供专利权的垄断保护与市场经济的自由竞争本质相违背。市场经济的活力在于竞争，有效的市场应当是开放的、无羁绊的，而有效的市场将会充分回报商业方法创新。

尽管商业方法专利的申请和授予在美国最为活跃，但也有反对者认为，商业方法专利实际上是阻止对基本商业机制的自由使用，而这将会侵蚀作为美国本质的自由市场经济。美国的商业历史经历了一个创新、竞争而又创新的长期实践，在没有商业方法专利的情况下，它取得了令人惊异的创新和成功。实践证明，美国经济不需要商业方法

[1] NICHOLAS A. SMITH. Business method patent and their limits［EB/OL］.［2003－11－29］http：//www. mttlr. org/volnine/Smith. pdf.

[2] MICHAL LIKHOVSKI. Fighting the Patent War［J］. European Intellectual Property Review，2001（6）：272.

[3] NICHOLAS A. SMITH. Business Method Patent and their limits［EB/OL］.［2003－11－29］. http：//www. mttlr. org/volnine/Smith. pdf.

专利。[1]

（六）为商业方法提供专利保护既鼓励了投机，又使许多企业限于囚徒困境（Prisoner's Dilemma）

虽然在美国企业申请商业方法专利的热情高涨，但也有人认为这是一种典型的囚徒困境，因为申请商业方法专利并不是这些企业的自愿行为。[2] 在一个肯定商业方法专利的制度环境下，虽然有许多企业反对商业方法专利，但肯定会有其他企业去申请，为了保证自己将来在目标市场上从事商业的自由，这些反对商业方法专利的企业也不得不去申请商业方法专利和扩大自己的专利组合。这些专利组合能够帮助其拥有者防止被他人指控为侵权，或与他人进行交叉许可而保证自己的经营自由。这样，将会产生巨大的成本。另一方面，还产生了专利孵化器（Patent Incubator）这一现象。专利孵化器是对惟一的营业是培养和转让或许可其拥有专利权的商业方法的企业的形象称呼。[3] 为商业方法提供专利保护促使了专利孵化器现象的产生，而专利孵化器的行为无疑是投机性质的，这说明商业方法专利制度鼓励了并非应实践需要而进行的发明活动，是一种浪费的行为。这种鼓励投机的专利政策显然是令人失望和不可取的。[4]

（七）商业方法实施的公开性使得对其提供专利保护与专利制度的鼓励技术公开目的相矛盾

专利权被普遍认为是对技术公开的一种补偿。[5] 而对于商业方法的公开来说，并不需要或很少需要提供额外的激励。一般情况下，企业只有在需要使用商业方法时，才会投资于商业方法的创新。而商业

---

[1] NICHOLAS A. SMITH. Business Method Patent and their limits［EB/OL］.［2003－11－29］. http：//www. mttlr. org/volnine/Smith. pdf.

[2] MICHAL LIKHOVSKI. Fighting the Patent War［J］. European Intellectual Property Review，2001（6）：271.

[3] 同上，第271、272页。

[4] OLSWANG. The first mover monopoly［EB/OL］.［2004－07－26］. http：//www. oiprc. ox. ac. uk/EJWP0500. pdf.

[5] ［日］富田彻男．市场竞争中的知识产权［M］．北京：商务印书馆，2000：16.

方法的创新是在原有商业方法的基础上和使用原有商业方法的过程中进行的，原有商业方法的使用绝大部分是公开的，而创新的商业方法能够为企业带来立竿见影的效果，企业有内在动力去实施创新的商业方法，而不会将创新的商业方法秘密保护起来而不去使用。❶ 既然商业方法绝大部分是公开的，为其提供专利保护，也就达不到专利制度促进技术公开的目的。

上述反对理由主要是从商业方法的内在本质的角度提出的。由于绝大部分商业方法专利都是通过计算机软件实施的，也有人从软件本身不易作为专利客体的角度论述了其反对商业方法软件专利的理由。主要有：在没有专利保护的情况下，软件产业已经繁荣了许多年，且今天大部分软件并没有受到专利保护；专利制度一般是通过鼓励信息公开来达到促进创新的目的，但这个机制在软件产业中的作用是有疑问的，因为软件专利申请并不需要公开源代码；❷ 软件本质上是一种数学算法，数学算法被认为是科学的基本工具，为软件提供专利保护，实际上就是赋予科学的基本工具以垄断权，将会阻碍科学技术的进步；软件产业历史比较短，其在先技术存在于程序员的头脑中，专利审查员无法通过对学术杂志的检索和细读而得到软件的在先技术，因此也就无法胜任软件的专利审查工作。❸

还有相当多的反对意见是从专利制度本身的缺陷及由此而导致的对特殊技术领域专利申请审查不过关所造成的大量无价值专利(Trivial Patent)或问题专利方面提出的。他们认为，专利局周围都是喜欢专利、需要专利和靠专利过活的人，专利局本身也成为亲专利者；专利局以授予的专利数量来评价自己的工作业绩，在专利局的预

---

❶ NICHOLAS A. SMITH. Business method patent and their limits［EB/OL］.［2003-11-29］. http://www.mttlr.org/volnine/Smith.pdf.

❷ REINIER BAKELS，HUGENHOLTZ. The patentability of computer programs［EB/OL］.［2003-04-01］. http://www.ivir.nl/publications/other/softwarepatent.pdf.

❸ JAMES GLEICK. Patently absurd［EB/OL］.［2004-10-24］. http://www.around.com/patent.html.

算完全依靠专利申请费的情况下，专利局更是将专利授予量越多越好作为信条；专利审查员的奖金与审查专利的数量挂钩，其也有授予专利的内在冲动。在这种情况下，专利局会忽视其他人的利益而通过很多显而易见的专利。❶ 尤其是在技术发展很快的软件和商业方法等领域，由于专利审查员很难通过长期的知识积累成为该领域的专家，其知识很难赶上产业界知识更新的速度，更容易产生不合格专利。❷

二、支持商业方法专利的理由

尽管商业方法专利受到了广泛且强烈的批评和反对，但也得到了许多产业界人士和学者的大力支持。其支持理由主要有：商业方法的创新所需要的精力和资源并不比发明新技术的投入少，如果将后者列为专利客体而将前者排除在专利保护之外，则显失公平，商业创新者应当因其创新劳动得到回报；❸ 专利法的目的是鼓励进步，商业方法作为一种进步，应当像其他技术创新一样受到保护；❹ 特别是，在信息技术受到普遍应用的知识经济时代，新发明越来越多地与处理、运用信息和知识的过程联系在一起，也就必然更多地表现为商业方法的新形式，商业方法是知识经济和信息时代所产生的新事物，主张商业方法不能被授予专利是传统制造业时代的思路，是不符合时代发展需要的。❺

三、总结和分析

对上述反对和支持商业方法专利的理由进行分析对比，可知双方

❶ JAMES GLEICK. Patently absurd [EB/OL]. [2004 - 10 - 24]. http://www.around.com/patent.html.

❷ 吴向宏. 商业模式专利在美国的状况 [J]. 科技与法律，2001 (2)：124.

❸ OLSWANG. The first mover monopoly [EB/OL]. [2004 - 07 - 26]. http://www.oiprc.ox.ac.uk/EJWP0500.pdf.

❹ NICHOLAS A. SMITH. Business Method Patent and their limits [EB/OL]. [2003 - 11 - 29]. http://www.mttlr.org/volnine/Smith.pdf.

❺ 吴向宏. 商业模式专利在美国的状况 [J]. 科技与法律，2001 (2)：121.

均既有令人信服的地方，又有不足之处。反对商业方法专利理由的不足在于：先发优势在许多行业都有存在；通过商标加强对自己产品和服务的保护具有普遍适用性；将商业领域排除在专利保护之外并不合理。但总的说来，反对商业方法专利的理由似乎比支持理由更为全面、深入、充分和细致。

尽管如此，美、日、欧等国家和地区在政策上对商业方法专利已经给予了肯定，商业方法专利已经成为事实。尤其是美国、日本等国，围绕商业方法专利出台了许多相关政策。那么，美、日等国家置上述反对理由而不顾，迫不及待地通过和执行其商业方法专利政策，导致在国际范围内开始了一场激烈的专利战争，[1] 其原因何在呢？这是电子商务在未来全球经济中的重要地位造成的。当前，以电子技术（尤其是计算机和网络信息技术）为手段的商事交易活动，即所谓的电子商务，广泛且深入存在于众多产业和各个环节，得到了迅猛的发展。这种商业交易形式不仅极大地提高了经济效率，而且创造了巨额利润。据美国资讯业的权威机构 IDE 估计，1997 年到 2003 年之间，全球上网人数的年增长率高达 56%，上网交易金额将超过 875 亿美元。[2] 在主要以数字化形式经营的金融领域，电子商务的作用更是难以估量。为了争占未来全球电子商务的制高点，美、日、欧等国家和地区肯定了电子商务商业方法专利客体的地位，并加强了对商业方法专利申请的审查和授予，以确保本国在未来全球电子商务中的竞争力。可以说，商业方法专利作为一种专利制度，必然要反映专利制度经济政策的本质，商业方法的专利保护不仅仅是一个法律问题，更是一个经济问题，商业方法背后所潜藏着的巨大国家利益是有关国家加强对商业方法专利保护的深层原因。[3]

然而，我们不仅需要从产业利益的角度去看待商业方法专利现

---

[1] 对于由美国引发的这场战争，欧洲很少有人认识到这场战争的可怕。许多人认为，战争是不容回避的现实，应当先反击，再讨论。MICHAL LIKHOVSKI. Fighting the Patent War [J]. European Intellectual Property Review，2001 (6)：273.

[2] 沙海涛．电子商务商业方法软件的专利保护 [J]．电子知识产权，2003 (2)：50.

[3] 张平．论商业方法的可专利性 [J]．网络法律评论，2002 (2)：145.

象，而且需要从专利基础理论来考虑商业方法的专利客体地位。下面将结合专利客体的确定原则、商业方法专利实质审查实践和商业方法可专利性的争论来对商业方法作为专利客体的条件作进一步的分析。

第三节 商业方法的可专利性分析

并不是任何商业方法都能够受到专利保护，从已授予的商业方法专利和各国对于商业方法专利保护的态度来看，各国一般认为只有通过技术手段实施的商业方法发明才能作为专利客体，非技术手段实施的商业方法即抽象的商业方法被认为不应受到专利保护。根据是否需要借助计算机实施可将商业方法分成两类，一类是计算机实施的商业方法，一类是非计算机实施（如电话）的商业方法。计算机实施的商业方法专利占了绝大部分，由于其通常是以计算机软件的形式表现出来，又被称为商业方法软件专利。实际上，在大多数情况下，我们所说的商业方法专利是指商业方法软件专利。

尽管商业方法借助于计算机和网络技术在一些国家取得了专利客体地位，但由于其本身的特殊性，其作为专利客体的地位仍然存有争议，现从影响商业方法作为专利客体的主要因素方面对商业方法的可专利性进行分析。

一、商业方法作为专利客体与可区别性、稳定性

传统的商业方法是人们在长期的商业实践中总结出来并应用于商业活动中的规律性方式。在未将科学技术作为商业方法手段的经济条件下，商业方法的进行需要人的主观分析、判断和选择等行为。在这种情况下，商业方法本身因其执行者和参与者的个体差异而产生了很大的不稳定性，呈现出多维的可变性，也就是说，传统的商业方法的执行过程中有很多步骤对执行者的智力活动有很强的依赖性，而执行者智力活动的不稳定性无法保证商业方法的重现性和与其他商业方法的可区别性。显然，一种客体不具有稳定性和可区别性是无法作为财产权客体的，当然也就不能作为专利权客体，否则将无法实现产权清晰这

一目的。而随着科学技术的发展和应用，商业方法借助于计算机和网络信息技术而使其本身得以客观化、稳定化，其实施虽然仍然需要人工的干预，如对信息的输入、对继续执行步骤的选择等，但这些步骤与传统商业方法下所需要的智力活动有根本的区别，它只是一些简单的或常用的选择，对人脑的依赖程度大大弱化，在一般情况下甚至可以忽略不计，这就保证了商业方法实施过程的稳定性和可区别性，为商业方法成为财产权客体提供了条件。此外，在计算机和网络信息技术条件下，商业方法的稳定性和可区别性又保证了其在应用上的可重复实施性，这也符合了专利法对专利的实用性要求。

二、商业方法作为专利客体与技术性、创造性

商业方法一旦具有可区别性、稳定性，就能够将其作为财产权的客体。然而，根据传统专利法理论，商业方法要想成为专利权客体，还必须具有技术性。实际上，技术性长期以来作为专利客体的肯定性条件，[1] 也是为了保证专利客体的客观性和可重复再现性。在计算机和网络信息技术条件下，商业方法具有了可重复实施性，同时还被赋予技术性，这是毫无疑问的。但根据前文对若干商业方法专利的分析可知，以计算机技术实施的商业方法发明受到专利保护，其受到保护的创新实际上在于商业方法本身，也就是说，商业方法发明作为一种智力创造成果，其智力活动创造没有体现在该商业方法发明的实施手段上，而是体现在商业方法发明本身。如果智力活动创造体现在实施商业方法发明的计算机技术手段上，我们应当从计算机技术的角度来审查该商业方法发明，这是另外一个问题。我们需要回答的问题是，利用技术手段予以实施并因此具有了可重复实施性的商业方法，其创新之处没有体现在技术手段上，是否应当受到专利保护？进一步需要

---

[1] 《欧洲专利局审查指南》明确了对专利客体的技术性要求，日本在《专利法》中明确规定了技术性是发明的本质特征，美国法院将国会授权专利法保护的"useful arts"解释为与"technological arts"（即技术）的范围相同，我国《专利法实施细则》也是将发明定义为技术方案。

回答的问题是，无需技术手段予以实施的商业方法，也就是说，其可重复实施性主要是借助于人为的规则，如保险品种，是否也可以受到专利保护？

在回答上述问题之前，首先需要认真思考的是专利客体与技术的关系、专利客体的创造性与技术的关系。对该问题的回答不同，则在商业方法可专利性问题上的立场也不同。如前所述，美国在 State Street Bank 案中提出了判断可专利性的新标准，即专利客体的本质是其实用效果——实用、具体和有形的结果，这说明专利客体的本质已经从技术性转向了实用性，[1] 技术性已不再是专利客体的要件；同时，在商业方法专利审查中，美国也不要求发明的创造性必须体现在技术领域。美国的上述做法虽然没有突破美国专利法第 101 条对专利客体的定义，却为商业方法发明打开了专利保护的大门。欧洲则坚持专利客体必须具有技术性，且专利的创造性必须体现在技术领域。这说明，商业方法发明如果在欧洲能够受到专利保护，一定是因为执行商业方法发明的技术手段本身符合专利法的条件。在这种情况下，不存在真正的商业方法专利保护问题。可见，美国和欧洲对专利客体与技术关系的理解不同，决定了其在商业方法专利保护上的不同立场。

技术性作为专利客体的本质要求，在商业方法专利问题面前受到了挑战。已经有人对技术性作为专利客体的要件提出了置疑。本书认为，从权利与义务相平衡的角度出发，应当肯定技术性作为专利客体的本质要求，具体理由可见本书第三章的论述。在此前提下，商业方法发明只有借助于其技术实施手段才能受到专利保护，不具有技术创造性的商业方法是不能受到专利保护的。

然而，我们不得不承认的是，有些商业方法的创新和实施确实促进了经济的发展，提高了人们的生活质量，为人类带来了福利。上述商业方法的创新也是人类智力活动成果，如果给予法律保护，无疑会有效地促进商业创新。商业方法发明的价值在于实施，如果要给予发明人一定权利的话，该权利的内容应当类似于专利权，但如前所述的

[1] 张平．论商业方法的可专利性［J］．网络法律评论，2002（2）：145.

原因，这将会导致发明人的垄断权过大，因此，可以授予发明人期限比较短（如三年）的实施权和许可他人实施权。

此外，人们对商业方法发明的可专利性存在争议的原因之一是商业方法发明应用于商业领域。本书认为，从传统专利法理论来看，为技术提供专利保护，似乎不应当按应用领域（如工业、农业、商业）对技术进行划分。以应用行业作为判断可专利性的标准，不但增加了对应用行业的判断这一环节，从而加大了制度执行的成本，动摇了制度的稳定性，而且偏离了专利保护的目的。因此，商业方法发明能否受到专利保护与其应用领域无关。

三、商业方法的产业应用性

产业应用性，在专利法中是指实用性。如前所述，实用性的一般意义是指能够制造或使用。也有人认为，实用性的主要含义是指有用性。实际上，如果是在产业中应用商业方法的话，商业方法应当同时满足具有上述两层含义的实用性要求。需要指出的是，在产业应用性方面，商业方法与作为专利客体的生产制造方法存在根本的不同，它往往在某类经济活动中具有普通适用性，经济主体普遍愿意接受并且能够使用。[1] 这说明商业方法的实用性非常强，具有很大的实用价值，能够给使用人带来相当多的收益。商业方法的实用性越强，其适用性就越普遍。如果将实用性作为判断可专利性的条件，也就是说，一个客体越实用，获得专利的可能性就越大，与此同时，其垄断性也就越强。这样，在授予商业方法以专利的同时，会造成不合理的商业垄断，[2] 从而损害社会公众的利益。这也是不宜将商业方法纳入专利保护的理由之一。

---

❶ 黄毅，尹龙．商业方法专利［M］．北京：中国金融出版社，2004：30.

❷ 张平．论商业方法软件专利保护的创造性标准——美、日、欧三方比较[J]．知识产权，2003（1）：25.

四、商业方法的新颖性、创造性

以技术手段实施的商业方法发明，一般是具有实用性的，对此类商业方法发明进行专利审查的困难在于新颖性和创造性审查。

在新颖性方面，如前所述，商业方法发明存在在先技术不足的情形，这会导致商业方法发明专利审查存在新颖性缺陷，这也是反对商业方法专利的理由之一。本书认为，在先技术不足是任何一种新技术选择专利作为保护手段时都要面临的问题，化学物质发明在被确定为专利客体时也面临同样的问题，我们不能因为在先技术不足就否定新技术的可专利性。实际上，在商业方法专利审查过程中，美国采取了许多措施来消除在先技术不足的影响，如扩大检索范围、要求申请人提供相关信息、发动社会公众参与审查等，这些措施应当是有效的。此外，新颖性审查方面还存在另一个问题，即越来越多的在先技术是通过互联网公开的，如何检索和认定以电子文献存在的在先技术，需要进一步规范和完善。对此，日本等国家的做法值得借鉴。

在创造性方面，虽然美、日、欧都认为只有具有技术性的商业方法才能受到专利保护，但与欧洲不同的是，美国和日本都认为经济改进有助于商业方法专利的创造性，也就是说，商业方法专利的创造性可以与技术无关。对此，本书已表明了自己的态度，即商业方法发明的创造性只有体现在技术领域才能受到专利保护。

五、商业方法与技术公开

专利制度建立的目的就是为了促使发明人将自己的发明向社会公众公开，授予其专利权，是给予发明人公开发明的对价。而对于商业方法发明来说，在绝大部分情况下，是一种社会公知的方法。[1] 如前所述，商业方法实施的公开性也成为商业方法不可专利的理由之一。商业方法实施的公开性是其与普通技术发明不同之处。普通技术发明除了被商人作为经营条件或生产工具使用，在许多情况下还被个人作

---

[1] 黄毅，尹龙．商业方法专利［M］．北京：中国金融出版社，2004：30.

为消费品为生活目的使用，而商业方法更多地是被商人作为与消费者进行沟通和交易的经营条件使用。仅仅通过对普通技术发明的使用是很难掌握其技术思想和具体内容的，而通过对商业方法的使用，一般是容易理解其创新的内容的，如果该商业方法在技术上不存在创新，则利用技术手段对其进行实施也是相对容易实现的。此外，商业方法的价值在于其被社会公众的接受程度，这往往只有通过实施才能确定。已经实施的被确定为有价值的商业方法由于其已经公开，显然影响其获得专利。没有经过实施的商业方法由于不能确定其价值，即使通过审查获得专利也无法肯定其能够给权利人创造收益。这显然增加了商业方法发明人的成本，并造成了对审查资源的浪费。

六、商业方法的法律保护

不可否认，商业方法作为一种智力创造成果，是非常有价值的，也是有法律保护的必要的。商业方法的价值在于实施，但商业方法与保护实施权的专利所保护的客体相比，具有不同的特点。如果对商业方法不宜予以专利保护，那么，我们是否可以在专利之外寻求一种对商业方法的知识产权保护手段呢？在此，根据前述商业方法的性质、专利法有关理论，本书提出如下建议：

（1）商业方法发明的法律保护应当根据其是否以技术手段实施而不同。商业方法发明分为以技术手段实施和非以技术手段实施的商业方法发明。由于商业方法发明是以信息作为处理对象的，因此，对于以技术手段实施的商业方法发明，信息和通讯技术是主要的技术手段。对于以信息和通讯技术实施的商业方法发明，如果其实施手段在技术方面具有创造性，可以通过对其实施手段的专利保护来实现对该商业方法发明的法律保护。

（2）对于不具有技术创造性但具有经济改进性的商业方法发明，可以赋予发明人以短期内的排他性使用权。不具有技术创造性但具有经济改进性的商业方法发明，包括两类，一类是使用了技术手段但在技术手段上缺乏创造性的商业方法发明；另一类是没有使用技术手段，但也具有客观稳定性（或者说是可操作性）的商业方法发明。对于此类商业方法发明可以赋予发明人在短期内的排他性使用权。如我国台湾对新险种的开发设计者给予三年的独占试办权。[1] 对这种权利产生的条件和授予的程序需要进行详细设计，以保证整个社会从该制度的实施中获取的利益大于因实施该制度所产生的成本。

[1] 张响贤．关于我国保险创新产品知识产权保护的思考［EB/OL］．［2005－01－10］．http：//www. bisheng. com. cn/news/1400. htm.

第六章　我国商业方法专利保护现状分析和对策研究

商业方法专利之战不可避免地波及到了我国。1996年，花旗银行向我国递交了19项商业方法专利申请。2000年左右，我国有人开始研究商业方法专利，[1] 但商业方法专利引起实务界的普遍关注却是在所谓的花旗银行抢注专利事件被见诸报端的2002年下半年。此后，从政府决策执行机构到高等院校等科研单位，对商业方法专利进行了政策上的探讨和学理上的研究。国家知识产权局专利局（下称我国专利局）已经将与商业方法有关的计算机软件的专利保护问题作为重点研究课题，许多高校参加了该课题的研究工作，并提交了研究报告。不少对商业方法专利感兴趣的法律工作者也撰文发表了自己对该问题的看法。但在商业方法专利审查实践和具体政策指导方面，我国专利局对商业方法专利的态度比较谨慎。我国国家知识产权局于2001年和2006年先后修订了专利《审查指南》，但对于商业方法发明没有做出具体规定。2002年底和2003年初，我国专利局批准了花旗银行的两个专利申请，其后没有授予其他商业方法专利。

根据我国现有的专利制度，商业方法能否在我国受到专利保护？我国应当采取何种对策应对这场商业方法专利之战？在前面论述的基础上，本章将要对此作进行研究。

---

[1] 张平．计算机软件专利保护观念在电子商务环境下的变革［J］．知识产权，2000（5）：22.

第一节　我国商业方法专利保护现状

一、法规政策方面

在我国，商业方法发明绝大部分也是通过计算机软件实施的，因此，我国对计算机软件发明的保护也体现了对商业方法发明的专利保护。让我们来分析一下现行《专利法》（2000 年修正）及其实施细则（2002 年修正）、现行专利《审查指南》（2006 年修订）中对计算机软件发明的专利保护的有关规定。

（一）我国现行专利立法对计算机程序发明专利申请的规定

1. 涉及计算机程序的发明只有构成技术方案才是专利保护的客体

根据《专利法实施细则》第 2 条第 1 款的规定，专利法所称的发明是指对产品、方法或者其必改进所提出的新的技术方案。涉及计算机程序的发明专利申请也必须是一种符合这一条款要求的新的技术方案。根据专利《审查指南》第二部分第九章《关于涉及计算机程序的发明专利申请审查的若干规定》，如果涉及计算机程序的发明专利申请的解决方案执行计算机程序的目的是解决技术问题，在计算机上运行计算机程序从而对外部或内部对象进行控制或处理所反映的是遵循自然规律的技术手段，并且由此获得符合自然规律的技术效果，则这种解决方案属于《专利法实施细则》第 2 条第 1 款所说的技术方案，属于专利保护的客体。专利《审查指南》对属于专利保护客体的涉及计算机程序的发明进行了列举，如，用于实现一种工业过程、测量或测试过程控制的涉及计算机程序的发明，用于处理外部技术数据的涉及计算机程序的发明，用于发送计算机内部性能的涉及计算机程序的发明。

2. 涉及计算机程序的发明如果从整体上属于智力活动的规则和方法则不受专利保护

根据我国《专利法》第 25 条规定，智力活动的规则和方法不受专利保护。关于智力活动的规则和方法不受专利保护的理由在本书第三章关于专利客体的否定原则中已经有过详细论述，此不赘述。根据《审查指南》，因属于智力活动的规则和方法而不受专利保护的涉及计算机程序的发明专利申请可分为两种情况：一种是权利要求的主题与特征部分均是智力活动的规则和方法的情况，即，“如果一项权利要求仅仅涉及一种算法或数学计算规则，或者计算机程序本身或仅仅记录在载体（例如磁带、磁盘、光盘、磁光盘、ROM、PROM、VCD、DVD或者其他的计算机可读介质）上的计算机程序，或者游戏的规则和方法等，则该权利要求属于智力活动的规则和方法，不属于专利保护的客体。”另一种是权利要求的主题不是智力活动的规则和方法，而特征部分是智力活动的规则和方法的情况，即，“如果一项权利要求除其主题名称之外，对其进行限定的全部内容仅仅涉及一种算法或者数学计算规则，或者程序本身，或者游戏的规则和方法等，则该权利要求实质上仅仅涉及智力活动的规则和方法，不属于专利保护的客体。”

3. 涉及计算机程序的发明既可以作为产品权利要求，又可以作为方法权利要求提出专利申请

根据《审查指南》，“涉及计算机程序的发明专利申请的权利要求可以写成一种方法权利要求，也可以写成一种产品权利要求，即实现该方法的装置。无论写成哪种形式的权利要求，都必须得到说明书的支持，并且都必须从整体上反映该发明的技术方案，记载解决技术问题的必要技术特征，而不能只概括地描述该计算机程序所具有的功能和该功能所能够达到的效果。如果写成方法权利要求，应当按照方法流程的步骤详细描述该计算机程序所执行的各项功能以及如何完成这些功能；如果写成装置权利要求，应当具体描述该装置的各个组成部分及其各组成部分之间的关系，并详细描述该计算机程序的各项功能是由哪些组成部分完成以及如何完成这些功能。”

（二）我国专利局对商业方法发明可专利性的态度

在这里，商业方法发明是指利用计算机网络实现各种商业方法的发明，如，利用计算机网络实现股票或现金交易的方法、利用计算机

网络实现商品交易的方法、利用计算机网络结构实现拍卖的方法、利用计算机网络结构播发广告的方法等。非由计算机技术实施、而是纯粹由自然人实现的商业方法，被称为纯粹的商业方法。

上述所有涉及商业方法的发明就其本身总目的和实施该方法所获得的效果而言，基本上就是为了和/或获得商品和/或有价和/或无价证券的流通，不能满足我国《专利法》保护客体的三要素，即解决技术问题、采用技术手段和获得技术效果。从总体上讲，有关这些商业方法的发明都不是技术性的。根据我国《专利法》和实施细则的有关规定，上述商业方法不属于我国专利保护的客体。

然而，如果在计算机网络上执行商业方法的过程中，在网络上对数据进行有异于在先技术处理的情况，如，在某个或某些具体步骤中对数据实施了特殊的压缩或解压缩方法，由于这种对数据实施特殊处理的方法具有技术性，因此属于我国《专利法》保护的客体。但是，此时发明的内涵已经发生了转移，即从整体上涉及商业方法的发明转移到局部的数据特殊处理。发明申请的主题也应当随之转移，并且权利要求不能谋求保护总的、具有上述数据处理技术特征的商业方法，即转移后的申请主题不应当包含所述商业方法的特征在内。也就是说，在这种情况下，受到专利保护的是数据处理技术，而不是商业方法。此外，如果在执行商业方法的过程中应用了某个或某些有异于在先技术的硬件装置，该硬件装置当然属于我国《专利法》保护的客体。[1]

针对美国和日本等加强商业方法保护的行动和趋势，我国专利局认为，目前西方国家根据自身利益和实际情况无限制地扩大专利法保护的客体范围，在一定程度上导致了混乱。如，美国专利法强调一切“有用的”发明都可以作为专利法保护的客体，但是如何界定所谓的“有用的发明”是一件十分困难和模糊不清并容易引起争议的工作。日本《专利法》强调“凡是能够以技术手段实施的发明创造”都属于专利法保护的客体，而这实际上将涉及所有内容的所有计算机程序都

[1] 张清奎．专利审查概说［M］．北京：知识产权出版社，2002：467.

纳入了专利法保护的范围之内。这些国家的这些原则目前都为我国专利局所不取。❶

（三）我国专利局在商业方法专利方面的审查实践

我国专利局将实施商业方法的重要手段即与计算机程序相关发明的可专利性作为重点研究课题，但没有像日本那样出台有关政策以加强对商业方法专利的保护。对外国金融机构在我国提出的商业方法专利申请，我国专利局批过两项，都是花旗银行提出的申请，一项名为“数据管理的计算机系统和操作该系统的方法”，申请日为 1996 年 9 月 10 日，授权日为 2003 年 1 月 1 日，专利号为 96191072.0；另一项名为“电子货币系统”，申请日为 1992 年 11 月 12 日，授权日为 2002 年 12 月 18 日，专利号为 92113147.X。此后没有再批准商业方法专利。这种态度被认为是不明朗的。❷

（四）与其他国家或地区的比较

在法规政策方面，从总体上说，商业方法在我国不受专利保护，除非实施该商业方法的手段具有技术性。一般说来，实施商业方法的技术手段多为计算机程序。在分析了各主要国家和我国对以计算机程序实施的商业方法的专利保护制度以后，下面将对我国与其他国家在商业方法专利保护制度方面的差异进行比较。

1. 与计算机的关系方面

在美国，作为专利客体的商业方法发明不是必须使用计算机；在日本，一般只有以计算机和网络技术实施的商业方法发明才能成为专利客体，是否以硬件资源具体实现是商业方法发明是否属于技术性创造的判断标准；在欧洲，商业方法发明作为专利客体在要求使用计算机之外，还必须有进一步的技术效果和技术贡献；在我国，没有官方文件对商业方法发明的专利客体地位作出要求，但从我国专利局对商业方法发明专利的态度来看，商业方法发明不一定必须使用计算机，

❶ 张清奎．专利审查概说［M］．北京：知识产权出版社，2002：457.

❷ 吴静淼．“商业方法专利”暗迫银行业［EB/OL］．［2004－07－20］［2005－01－12］．http：//www.ciweekly.com/ciweekly/inforcenter/A20040720326056.html.

但商业方法只有借助实施其的技术手段得到专利保护。

2. *在可专利性标准方面*

根据美国的《与计算机有关的发明的审查指南》和 State Street Bank 案、AT&T 案，商业方法发明在美国可专利的前提是能够产生实用的、具体的和明确的结果。然而，传统专利法理论对专利客体的要求是技术性。可见，美国的上述标准显著地扩大了专利保护的范围。

在日本，受到专利保护的商业方法发明，一般应当是通过硬件资源具体实现的发明。在这里，硬件资源显然是一种技术手段，具有技术性。这与美国关于商业方法的可专利性标准是不同的。

在欧洲，发明的技术性质是欧洲专利法关于可专利性主题的基石。在有关商业方法专利的 Sohei 案（T769/92）和 Pension Benefit 案（T931/95）中，欧洲专利局坚持了技术性质这一原则，认为商业方法本身不能取得专利，但如果商业方法具有技术性质，则该商业方法会因技术性质而成为可专利主题。对于以计算机程序实施的商业方法发明，对其是否具有技术性的判断标准是该计算机程序的实施是否产生了进一步的技术效果，即在计算机运行功能之外产生进一步的效果。以计算机程序实施的商业方法发明要想产生进一步的技术效果，首先要在计算机上运行，即通过硬件资源具体实现，这显然是日本对商业方法发明可专利性的要求。然而，在商业方法发明可专利性标准上，与日本相比，欧洲不仅仅要求通过计算机实现，还要求能够在计算机运行功能之外产生进一步的技术效果。这说明欧洲要比日本严格。

根据我国专利《审查指南》对可以给予专利保护的涉及计算机程序的发明的列举，以及我国专利局对于商业方法专利的态度来看，我国对商业方法发明的可专利性要求与欧洲专利局是一致的。

3. *在权利要求形式方面*

在美国，商业方法专利申请既可以作为产品，也可以作为方法提出，而且对以计算机实施的商业方法发明能否对计算机程序本身提出专利申请没有作出限制。

在欧洲，欧洲议会的《以计算机实施的发明的可专利性指令》与欧洲专利局审查实践和审查指南在商业方法权利要求形式方面的态度是不同的。欧洲专利局审查指南规定，如果计算机程序具有超出常规物理效果之外的进一步的技术效果，无论是本身（By Itself）还是记录在载体上，均不能被排除具有专利性。而根据欧洲议会的《以计算机实施的发明的可专利性指令》，计算机程序本身或其载体不能作为专利客体，一项以计算机实施的发明只可能作为产品申请专利，即作为受程序控制的装置申请专利，或作为技术制造方法来申请专利。

在日本，根据修改后的《发明专利法》，计算机程序储存在诸如CD－ROM或软盘之类的物理媒介上不再成为确保计算机程序可以授予专利权的必要条件，计算机程序作为物的发明受到专利保护，通过网络传输提供计算机程序的行为构成专利实施行为，这意味着未经授权通过网络传输计算机程序将构成侵权行为。

我国专利《审查指南》明文规定，如果发明专利申请只涉及计算机程序本身或者是仅仅记录在载体上的计算机程序，就其程序本身而言，不论它以何种形式出现，都属于智力活动的规则和方法，因而也就不受专利保护。也就是说，涉及计算机程序的发明被授予专利权之后，其权利要求从整体来看，并非是仅仅保护该计算机程序，而是将运行该程序的计算机和信息数据处理装置与该程序作为一个整体来保护。这与欧洲议会的指令的态度是一样的。

4. 在创造性的判断标准方面

在美国，发明的所有方面，包括商业方面和技术方面都有助于非显而易见性；在欧洲，专利客体的创造性必须体现在技术方面，如果发明所设想的改进是基本的经济方面，那么发明不具有创造性，这是被欧洲专利局和欧洲议会指令共同认可的；在日本，根据《专利与实用新型审查指南》有关创造性的规定，该审查指南认为发明应当从整体上判断，分别人为安排方面和自动技术方面对发明进行鉴定是不适宜的，也就是对创造性的判断应当从发明整体来看，这与欧洲的创造性判断标准是不一样的。在我国，如果发明人在现有技术基础上所做的贡献属于非技术贡献，则该发明缺乏创造性，不能被授予专利权，[1] 可见，我国对商业方法发明的创造性判断标准与欧洲是一样的。

综上所述，美国对商业方法发明的专利保护水平是最高的；日本次之；欧洲专利局对商业方法发明的可专利性标准有所放开，但其提出的技术贡献的要求又限缩了对商业方法的专利保护；我国对商业方法发明的专利保护水平，与欧洲大体相当，总体上还是比较严格的。

从商业方法专利审查方面来看，美国对商业方法大开专利保护之门后，欧洲和日本的反应都很强烈。欧洲专利局出台的政策和采取的措施虽然不多，但欧洲有关研究者和责任机构对商业方法的专利保护却进行了广泛而充分的争论、磋商。日本则采取了具体的措施来促进和规范商业方法的专利保护。我国专利局目前仅授予两项商业方法专利，这与美国相比显然是极其微不足道的，因此我国专利局的态度被认为是比较冷淡的。[2]

二、社会意识和理论研究方面

如前所述，2000 年我国知识产权界开始有人研究商业方法专利，2002 年商业方法专利引起我国实务界的普遍关注，此后，理论界和实务界对商业方法专利的研究逐年增多，商业方法专利开始成为研究热点。

从对商业方法专利的研究内容来看，主要包括：一是以计算机软件的专利保护为起点，通过对美、日、欧等国与软件有关的专利案例的分析，探讨其对软件的专利保护的态度变化；二是对美、日、欧专利局计算机软件相关发明审查指南进行对比研究，分析其对软件的专利保护水平；三是通过介绍美、日、欧在商业方法专利方面的司法实践、政策动向和专业协会态度，分析其对商业方法专利的法律保护水平；四是通过分析美国金融机构在商业方法方面所采取的专利战略，

[1] 张清奎．专利审查概说［M］．北京：知识产权出版社，2002：460.

[2] 张平．论商业方法的可专利性［J］．网络法律评论，2002（2）：145.

提出我国商业银行的应对策略。应当说，我国国内对商业方法专利的研究，总的趋势是越来越深入和具体，并且越来越多地涉及商业方法专利应用最多的金融领域，但是总体上仍然存在介绍多论证少、定性多设计少等问题。

从研究者人员构成来看，多为高等院校中的研究工作者（既包括知识产权专业，又包括金融等经济类专业），也有部分金融领域的工作者（既包括金融监管部门，又包括商业银行机构），[1] 还有一些中介服务机构，如深圳市地禾知识产权管理咨询有限责任公司提供了调研报告《我国银行产业专利情报分析报告》。[2]

从对商业方法可专利性的态度来看，早先对商业方法专利持肯定态度者占大多数，但多半未深入论证其理由；新近也有人开始撰文分析商业方法专利的正当性，指出了商业方法专利存在的问题，[3] 但终究属于少数；后来更有许多经济研究者从专利战略和产业竞争的角度提出要运用专利手段保护金融创新，但没有从专利的特征和垄断作用、以及专利制度对专利权人和社会公众利益的平衡角度来分析商业方法的可专利性，其前提无疑是肯定商业方法的可专利性。

总的来说，我国对商业方法专利的研究还不够深入，商业方法专利还没有引起有关方面的重视。无论我们是为商业方法提供专利保护，还是将其排除在专利保护之外，都应当建立在深入研究探讨的基础上。

三、产业实务方面

主要以数字化形式经营的金融领域是与商业方法专利联系最为紧密的产业。在我国，从产业实务界对商业方法专利的反应来看，受商业方法专利影响最大的中资银行采取了一定的应对措施。2002 年底，

---

[1] 前者如黄毅、尹龙所著《商业方法专利》，中国金融出版社 2004 年版；后者如苏建琪著《论商业银行的专利保护》，载《上海金融》2003 年第 4 期。

[2] http：//www.cnipr.com/zsyd/xslw/patent/bankpatent.doc.

[3] 唐昭红．美国商业方法专利制度正当性分析［J］．电子知识产权，2004（3）．

针对花旗银行的举动，中国人民银行开始邀请有关知识产权专家为各大商业银行老总做讲座，进行利害分析；而各大商业银行也开始重视网络升级及开拓业务范围，并欲联手打造同一标准的网络银行专利，以加强合作抵抗外来冲击。❶之后，开始有中资银行向我国专利局提出网络银行专利申请。❷

根据对我国商业银行专利申请状况的分析，与国外银行相比，我国商业银行专利申请有如下特点：

（1）从专利申请的发明种类和技术含量、技术特点来看，国内银行界及银行相关产业专利申请以实用新型、外观设计居多，发明专利申请很不活跃，积极性大不如国外，且发明专利申请主要为银行业务设备、办公自动化设备等银行基础设施设备这些“硬件”，商业方法发明居于少数；而国外专利活动不仅活跃，且专利活动基本上围绕着发明进行，国外银行申请的商业方法专利占到其全部发明与实用新型专利的四成以上，如果不考虑银行相关产业的话，商业方法专利申请成为国外银行专利申请的主要项目，这些商业方法专利申请主要集中于电子货币、管理系统以及金融安全技术方面。

（2）从专利申请量的变化趋势来看，国外专利申请一直到1994年前基本处于停滞状态，从1994年起专利申请数量开始猛增，但从2000年起开始有下降趋势。国内银行从2000年起专利申请量也有下降趋势。国内银行界的下降原因可能是因为此时银行的硬件基础设施建设已经基本完成，银行的专利活动重点包括专利人力资源的配备尚未转型到新的领域（例如商业方法专利）中来。国外银行界的下降原因可能与中国对商业方法专利的消极谨慎态度有关。值得注意的是，可能是受花旗银行申请商业方法专利的鼓舞，我国台湾的银行从1998年起、韩国的银行从2000年起，开始进入中国的银行专利市场，并且这些东亚国家和地区的银行申请的专利也大多为商业方法专利。

---

❶ 韩风雷．花旗展开专利攻势，央行急召四大银行联合自卫［N］．中国经营报，2002-12-19.

❷ 李卫玲．华夏银行申请三项专利［N］．中国金融报，2003-12-01.

（3）从专利申请的主体来看，国内专利申请主要是由四大国有商业银行提出的，且有不少是以分行或者分行所属的机构作为申请人申请的，并且各申请人申请的专利有不少存在技术上的相似性，而由总行提出申请的并不甚多，这与时下通行的由总公司集中管理知识产权的商业规则不相符合。这在一定程度上反映了国内商业银行缺乏对知识产权统一集中管理的意识，也表明我国银行界技术力量分散，缺乏统一有效的指挥，重复劳动重复研究的机会增多。[1]

（4）从专利申请的法律状态来看，花旗银行的 19 项商业方法专利申请有 18 件进入实质审查阶段，只有 1 件属于“视为撤回”；而国内银行专利申请的法律状态大多为“视为撤回”，即由于没有提出实质审查请求、或者因专利性不够，无法答复专利局的审查通知书而主动放弃。[2]

以上是我国银行业商业方法专利保护的现状。总的说来，我国商业银行在商业方法的专利保护方面虽然有所行动，但仍然缺乏足够的重视，对利用专利或其他法律保护方式保护自己的业务创新发明，从而加强和扩大其金融业务缺乏基本的商业意识，其观念还停留在“只是为了满足自身需求，不是以赢利为目的，因此没有必要对研发成果申请专利”的认识水平上。[3]

其他行业对商业方法专利保护也有反应。2002 年 10 月初，南京中央商场精心策划了“国际大型花卉购物节”，使其在国庆黄金周期间创下了南京首屈一指的销售业绩，值得注意的是中央商场对该项创意正在积极申请商业方法专利。[4] 这说明商业方法专利这一现象本身还是引起了商人的关注和效仿，这应该归功于与商业方法专利有关的

---

❶ 以上特点根据深圳市地禾知识产权管理咨询有限责任公司的《我国银行产业专利情报分析报告》整理得出，http：//www.cnipr.com/zsyd/xslw/patent/bank-patent.doc.

❷ 苏建琪．论商业银行的专利保护［J］．上海金融，2003（4）：44.

❸ 林华．金融专利，中资银行不能沉默［J］．金融经济，2003（4）.

❹ 从“花卉购物节”申请专利看南京商战换代升级［EB/OL］．［2004-02-03］．http：//www.hangtu.com/jcxx_1/html/dtxx/sydt/html/njszh.htm.

研究和宣传。

第二节 我国商业方法专利的对策研究

一、决策之前需要分析和回答的问题

对于我国政府和相关产业、企业而言，商业方法的专利保护不仅仅是一个富有争议和引人深思的学术热点问题，更为重要的是，它是一个迫切需要政府和相关产业、企业采取应对措施的实务操作问题。在作出决策之前，首先需要分析和回答以下问题：

（一）商业方法是否应该受到专利保护

如前所述，以计算机和网络信息技术实施的商业方法具有可区别性、稳定性和确定性，能够成为财产权的客体，但是否能够受到专利保护则还存在很大争议。除了前述关于反对商业方法专利的若干理由外，商业方法作为专利客体还存在以下与传统专利法理论相违背或冲突的地方。

1. 商业方法多为社会公知的方法

专利法的目的就是以授予的专利权作为发明人向社会公开技术发明的对价，如果该发明已经公开，自然没有必要授予专利权。商业方法发明往往是一种社会公知的方法，[1] 对于这一点，相关产业（如金融业）的业内人士比较清楚，然而其并没有从专利法要求技术公开的角度对商业方法的可专利性提出置疑；而知识产权从业人员虽然清楚专利不保护已经公开的发明（即不具有新颖性），但对于商业方法多为社会公知的方法这一点不是很了解，也很少有人从这方面对商业方法的可专利性提出置疑。但是，商业方法多为社会公知的方法，这已经是一种事实，而这种事实是由商业方法发明本身的性质决定的。对此，已于前面章节予以说明，此不赘述。

[1] 黄毅，尹龙．商业方法专利［M］．北京：中国金融出版社，2004：30．

2. 商业方法往往具有基础性

商业方法作为某类商业活动的基本规则、方法或实现方式，是经济主体普通愿意接受并且能够使用的，因此，商业方法往往具有基础性，该类商业活动中的众多企业都会使用这种方法。[1] 有的商业方法甚至具有惟一性和排他性，即在某一经济领域，可能只有一种交易方法，没有其他方法可供选择。[2] 对上述商业方法授予专利，意味着其受保护的范围会很宽，即专利权的权利会很广。USPTO 就对开展电子商务的一些公用的、普遍性的方法授予了专利，如网上订货和用户订价都是电子商务网站常用的一些营销方法，这些方法被某些企业取得专利，势必限制其他企业使用这些通用的商业方法开展正常的电子商务。在 State Street Bank & Trust Co. v. Signature Financial Group, Inc 案中，对 USPTO 授予 Signature Financial Group Inc. 的名称为"轴辐式金融服务配置数据处理系统"的美国第 5193056 号专利，地区法院担心，该专利被赋予的权利非常宽，以至于实际上封锁了为管理此种金融结构所必须的任何以计算机实施的会计方法，因此，以专利请求太广而主张认定该专利无效。CAFC 则指出，专利请求是否太广，并非可专利性的问题。[3] 笔者认为，专利权作为一种垄断权，其权利范围应当适度，如果过于广泛，不仅仅起不到鼓励创新的作用，而且还会起到相反的作用，增加社会成本。从这个意义上说，专利客体的确定应当考虑受保护范围的大小。也就是说，专利请求太广，应当影响到其可专利性的确定。

3. 商业方法的创造性并不体现在技术上，而是体现在商业方法本身的独特性上

美国法院在 State Street Bank 案中确认了商业方法的专利客体地位，该案的裁决给人形成这样的印象，即方法本身可以受到专利保

---

1. 黄毅，尹龙．商业方法专利［M］．北京：中国金融出版社，2004：30－55.
2. 李媛．电子商务商业方法专利的保护及其界限［J］．税收与企业，2003（1）：47.
3. 刘孔中，宿希成，寿步．软件相关发明专利保护［M］．北京：知识产权出版社，2001：62.

护。如，日本电气公司（下称 NEC）知识产权部总经理认为，该案裁决中没有特别针对技术问题的措词，因此方法本身是可以被授予专利的。NEC 公司因此作了相应的调整，于 2000 年 1 月开始寻求可以取得专利权的创意，并制定了一份专利奖励计划。在该计划的鼓励下，各部门在最初的几个月内，提交了 1500 多个创意，其中有 1/3 是非技术人员提出的。[1] 可见，这种情况下的商业方法的创造性不可能体现在技术上。

从专利审查有关规定来看，美国和日本都认为发明的经济方面（即人为安排方面）有助于创造性的评价，也就是说，商业方法发明，如果其借以实施的技术手段不具有创造性，但其经济方面具有独特性，也是能够通过创造性审查，从而获得专利的。可见，商业方法专利的创造性不在于专利中所使用的技术的创造性，而是在于专利所内含的商业方法的独特性。[2] 这显然是与传统专利法理论相悖的。

即便存在上述有违传统专利法理论的地方，美国仍然确认了商业方法的专利客体地位，这在全世界引起了争论。对于商业方法究竟应不应受专利保护，势必将会继续争论下去，甚至会长期争论下去。毫无疑问，美国和日本在授予商业方法以专利的时候，肯定不是基于严谨的法律分析，而是从本国国家利益作出的决策，国家利益和经济扩张是其扩大商业方法专利的深层原因。[3]

（二）商业方法在国际范围内受保护的情况

在国际范围内，美国法院率先确认了商业方法的专利客体地位，之后，大量的商业方法专利申请涌向了 USPTO。在美国的影响和压力下，JPO 出台了很多政策，积极采取措施保护商业方法专利，国会也通过修改《发明专利法》为打击通过网络实施的计算机程序侵权行为提供法律依据，加强了对软件的专利保护。EPO 于 2001 年修改了审查指南，相对于以前《欧洲专利公约》所规定的商业方法本身和

[1] 张平．美日欧在商业方法专利问题上的分歧［J］．知识产权，2003（7）：27.
[2] 朱理．欧洲专利局对商业方法专利的态度［J］．网络法律评论，2002（2）：185.
[3] 张平．论商业方法的可专利性［J］．网络法律评论，2002（2）：145.

计算机程序本身不属于可获专利保护的发明，该审查指南在商业方法的专利保护方面有所放开，但欧洲议会的态度还是比较谨慎，其通过的《以计算机实施的发明的可专利性指令》对计算机程序的专利保护条件提出了技术贡献的严格要求，引起了很了大争议。

2000年10月30日至11月3日，JPO、USPTO与EPO三方在日本举行了第18次三方会谈。会谈确认，三方继续共同开发审查用文献资源和检索新技术所需的数据库，并进行数据库的交换工作；在商业方法专利申请方面，由于三局对商业方法专利性的判断结果存在很大差异，三方商定对该领域的专利进行共同检索。❶ 2002年1月，JPO公布了三方关于商业方法发明共同检索报告书。可见，美、欧、日三方在商业方法专利申请方面的合作态度还是非常积极的。

有关国际组织也很重视商业方法专利。2003年8月，WIPO召开会议，56个成员国一致同意，为商业方法专利创建新的类目，并将其纳入便于检索和查找各技术领域专利信息的国际分类系统。会上，国际专利分类（IPC）修订工作组同意创建一个关于商业方法专利的临时小类，类名为“特别适用于管理、商业、金融、监管或预测用途的数据处理设备或方法”。❷

（三）商业方法的专利客体地位的确定及其地域性

知识产权一般只能依一定国家的法律产生，又只在其依法产生的地域内有效，这就是知识产权的地域性。❸ 尽管专利客体的确定有其应当遵循的基本原则，但各国对专利客体的规定还是有所不同，一个国家在不同历史时期的专利客体也存在不同。这样，一客体是否受到专利保护，要将其放在特定国家特定时期的专利法制下进行判断。从权利的产生来看，在知识产权中，与版权不同，商标权和专利权的产

❶ 夏佩娟．日本特许厅、美国专利商标局和欧洲专利局举行第18次会谈［EB/OL］．［2005－02－01］．http：//www.cnipr.com/ipr/news/news－zscq－01－0222－02.htm.

❷ 黄迎燕．WIPO将为传统知识和商业方法建新类目［EB/OL］．［2005－02－01］．http：//www.sipo.gov.cn/sipo/ywdt/hycz/t20030827_18570.htm.

❸ 郑成思．知识产权法［M］．北京：法律出版社，1997：9

生都要经过行政审查程序。从客体地位的确定来看，专利客体的确定比其他知识产权客体的确定具有更大的国家导向性。❶ 商业方法的专利客体地位，就是美国在其国家利益的驱动下首先予以确认的，在美国的压力和影响下，日本等国家也将商业方法纳入了专利保护范围。

专利不仅具有国家导向性，而且在少数国家的推动下，这种国家导向还影响了国际条约的制定。随着全球经济一体化的不断加强，科技发展水平高的发达国家在丧失了自然资源和劳动力的竞争优势后，越来越主张加强知识产权保护，并积极通过相关国际条约来延伸其国家利益，❷ 这样，专利权的保护在国际范围内有了最低保护水平要求。我国已加入了世界贸易组织，也要受到 TRIPS 协议要求的知识产权最低保护水平的约束。

（四）商业方法发明在我国的发展情况

据调查，在向我国专利局递交的商业方法专利申请中，大部分申请人是外资企业，其中又主要集中在外资 IT 企业和外资金融机构，国内企业和金融机构的申请量只占 1/3 左右。❸ 从商业方法专利的申请量来看，在一定程度上反映出我国商业方法发明成果不多，也从侧面说明我国企业商业方法专利保护意识薄弱。

从商业方法发明最集中的金融领域来说，我国金融产品的研发能力明显不足，❹ 商业银行业内人士也认为，国内银行和外国银行在技术上“根本不是一个级别的”，“国内银行根本没有能力做真正的基础性研发”。❺

❶ 滕飞．从国家利益的高度认识知识产权［J］．国际技术经济研究，2004（3）：17.

❷ 蒋洲．加入世界贸易组织与我国知识产权战略［J］．经济评论，2001（4）：52.
周春慧．重视知识产权战略中的国家利益［J］．电子知识产权，2004（5）：3.

❸ 黄毅，尹龙．商业方法专利［M］．北京：中国金融出版社，2004：154.

❹ 李良，陈晓红．外资银行的专利壁垒与我国商业银行的专利战略［J］．金融论坛，2004（4）：48.

❺ 吴静淼．“商业方法专利”暗迫银行业［EB/OL］．［2004-07-20］［2005-01-12］．http：//www.ciweekly.com/ ciweekly/inforcenter/A20040720326056.html.

二、我国应对策略的总体思路

尽管商业方法作为专利客体存在许多与传统专利法关于专利客体要求相悖之处，但在美国的积极推动下，美、日、欧对于电子商务商业方法已不存在是否需要专利保护的问题，而是需要解决怎样保护的问题，三方在此已不存在根本分歧。❶ 这种立场是符合电子商务比较发达、网络信息技术处于世界领先地位的发达国家的利益的。

我国的电子商务并不发达，但外国企业已携商业方法专利申请来我国抢占市场，在这样的国际形势下和外国专利申请面前，我国对于商业方法应当持何种态度呢？一般来说，经济发展初期应当采取较为宽松的知识产权保护政策，从发达国家的经济发展史来看，发达国家在经济发展之初不仅不尊重他人的知识产权，而且充分利用各种手段使用世界范围内的智力成果，为其经济发展服务。❷ 如果以上述理由主张我国对商业方法不予专利保护，并借此低成本地引入他国的先进技术或通过模仿，以实现电子商务的高速发展，这种主张并不现实。因为，在美国通过其特别301条款加强了其技术成果在国际范围内的知识产权保护后，以模仿实现产业跨越式发展的经济发展战略已没有了生存空间。❸ 我国作为发展中国家，社会经济发展水平和科技研发能力与美、日、欧等发达国家存在显著差异，尤其是在计算机和网络信息技术方面，更是如此。在这种情况下，从总体上说，为商业方法提供专利保护显然是有利于发达国家而无益于我国。但仅有抗争是不现实的。实际上，发展中国家对发达国家将仅仅适合于其自身的知识产权制度强加于全世界的抗争，在制度总体的层面上从未奏效过。❹

---

❶ 张平．论商业方法的可专利性［J］．网络法律评论，2002（2）：145.

❷ 盛世豪，徐明华．关于我国实施知识产权战略的几个认识问题［J］．中国软科学，2003（9）：96.

❸ 盛世豪，徐明华．关于我国实施知识产权战略的几个认识问题［J］．中国软科学，2003（9）：97.

❹ 郑成思．信息、知识产权与中国知识产权战略若干问题［J］．法律适用，2004（7）：15.

在这种情况下，笔者认为，我国对商业方法专利的应对策略的总体思路应当坚持以下两点：

（一）为商业方法提供不高于 TRIPS 协议要求的专利保护水平，为我国电子商务的发展提供不违背国际条约的宽松环境

遵守 TRIPS 协议是我国加入世界贸易组织时在知识产权保护方面作出的承诺。在商业方法发明方面，我国应当按照 TRIPS 协议的要求为商业方法提供专利保护，无须为商业方法发明提供超国际水平的专利保护。根据 TRIPS 协议第 27 条第 1 款规定，成员国应当为符合条件的一切技术领域的任何发明提供专利保护。因此，商业方法发明只有在其属于技术领域的发明时才能受到专利保护，如果商业方法是纯粹的人为规则或个人技能，则不应当受到专利保护。此外，笔者认为，尽管 TRIPS 协议没有对创造性与技术的关系作出进一步说明，但既然 TRIPS 协议保护的是技术领域的发明，则该发明的创造性就应当体现在其技术上。因此，对美国为技术上不具有创造性的商业方法提供专利保护的态度，应当予以反对。

同时，对于商业方法发明的实用性、新颖性和创造性，应当按照我国有关规定进行严格审查，尤其要保证在先技术检索的全面充分，杜绝产生不具有新颖性和创造性的问题专利。实际上，尽管已有国家追随美国开始为商业方法提供专利保护，但并不是都像美国一样授予如此之多的商业方法专利，许多在美国获得专利的商业方法发明专利申请在其他国家遭到了驳回。美国过于激进的专利政策和低落的商业方法专利审查品质，普遍受到各界批评。[1] 美国联邦贸易委员会的《促进创新：竞争与专利法律政策的适当平衡》和美国国家科学院国家研究理事会的《21 世纪的专利制度》两份研究报告也都指出了商业方法专利制度存在的问题。

---

[1] 刘孔中，宿希成，寿步．软件相关发明专利保护［M］．北京：知识产权出版社，2001：69.

（二）加强对我国占优势的智力成果的知识产权保护，从总体上保证我国在国际经济竞争中居于有利地位

专利制度的立法目的最初是为了通过保护发明人的利益以促进技术创新。随着全球经济一体化进程加快，发展中国家凭借其自然资源和劳动力优势在物化商品的生产方面对发达国家构成了威胁，科技发展水平高的发达国家于是越来越重视知识产权保护，以维护其在国际经济竞争中的有利地位。[1] 这样，发达国家专利制度的发展就呈现出违背上述立法目的的倾向。甚至发展中国家也意识到了知识产权的国家利益工具性质。1959 年，印度政府在修改专利法的报告中就明确说明："专利制度不是为了发明人的利益，而是为了国家的利益而建立的。"[2] 实际上，由于发达国家在世界范围内内推行有利于其自身的知识产权制度，知识产权制度已越来越成为发达国家和跨国公司获取垄断利润的利益工具。美国这次在国际上大力推动商业方法的专利保护正是其将知识产权制度作为维护国家利益的工具的突出表现。这就不难解释，为何商业方法发明在具有与传统专利法下的专利客体相违背之处的情况下，也被美国迫不及待地确认为可受专利保护了。

对于商业方法专利，我们可以从其不符合专利客体要求的方面进行反对；但美国的这种从其国家利益出发积极推动他国保护其长项发明的做法却值得我国借鉴。我国也应当加强对我国在与发达国家竞争中占据优势的智力创作成果的知识产权保护，如对传统知识、传统文化表达和遗传资源的保护。对上述客体的保护，我国可以像美国保护商业方法一样，先通过立法将其保护起来，然后再进行更为深入的论证，并作出进一步的完善。[3] 这样就可以以己之长去制约他人之长，防止我国在未来的国际竞争中连与他国进行谈判的筹码也没有。如，通过对本国传统医药知识的有效保护，可以有效地限制发达国家及其

[1] 蒋洲．加入世界贸易组织与我国知识产权战略［J］．经济评论，2001（4）：52. 周春慧．重视知识产权战略中的国家利益［J］．电子知识产权，2004（5）：3.

[2] 卢明纯．论专利制度对利益的选择与整合［J］．湖南工程学院学报，2001（1）：40.

[3] 孙海龙，杨建成，刘婕．把脉中国知识产权［N］．知识产权报，2005-01-20.

公司过广、过滥地授予及获得医药及基因专利。在这方面，印度等国已经有了广泛的研究，在国内有了相应的立法。[1] 在2003年8月召开的WIPO的一次会议上，与会的56个成员国也一致同意为传统知识发明创建新的类目，这表明国际上也有了保护传统知识的清晰的声音。[2] 遗憾的是，对于具有丰富的传统知识、传统文化表达和遗传资源的我国来说，这方面的保护意识和立法行动还十分欠缺。

因此，面对商业方法专利战争的威胁和来自国际方面要求保护商业方法专利的压力，我们一方面从专利法理论上对美国所核发的过广、过滥的商业方法专利进行反驳；另一方面，在国内我们要严格遵守"入世"承诺，为符合条件的商业方法发明提供不低于TRIPS协议水平的专利保护，同时，要加强对我国占据优势的传统知识等智力成果的知识产权保护，以保证我国在国际竞争中的国家利益。

三、我国应对策略的具体内容

在确定了我国应对策略的总体思路后，以下围绕商业方法的专利保护本身分析我国应对策略的具体内容。

（一）思想和意识方面

思想是行动的先导，因此，在商业方法专利保护问题上有科学的思想意识有利于我们采取正确的行动。这需要从科学思想意识的提供者和应用者两方面采取对策。

1. 加强与商业方法有关的实证分析和理论研究，为国家正确决策提供科学依据

商业方法专利是专利领域的新现象，对于我国这样一个专利保护历史不长、专利理论研究不够深入（我国专利立法直接引进他国专利理论和制度而对许多专利基本问题没有进行过充分讨论，如发明客体

---

[1] 郑成思．反不正当竞争法律体系亟待完善［EB/OL］．［2005-03-29］http://politics.people.com.cn/GB/1026/3241754.html.

[2] 黄迎燕．WIPO将为传统知识和商业方法建新类目［EB/OL］．［2005-02-01］．http://www.sipo.gov.cn/sipo/ywdt/hycz/t20030827_18570.htm.

从产品到方法、从机械物到化学物质的拓展等）、专利管理经验缺乏的国家，商业方法专利就更为陌生。但形势又要求我国及时作出反应，以免我国电子商务在不久的将来受到外国组织持有的商业方法专利的不公平的伤害，甚至处于完全被动的局面。然而，正确对策的作出，需要建立在对商业方法专利现象及其深层背景的准确把握上，为此，必须加强对商业方法专利的实证分析和理论研究，为国家有关商业方法专利的立法和决策提供依据。

商业方法专利与传统专利的不同在于，其既涉及计算机软件、通信等方面的技术，又关系到金融、财务、贸易等商业领域，因此，在对商业方法专利进行研究的工作中，要有计划有组织地吸收有商业背景的研究人员，保证研究工作不脱离实际，保证决策的可行性。

在研究的主体方面，由于我国知识产权专业人才比较缺乏，而形势又比较紧迫，对商业方法专利的研究应当有组织地进行。国家知识产权局应当与有关科研机构进行分工协作研究，保证有效利用现有知识产权专业人才，避免重复研究，从而促进研究内容的全面、深入。

2. 分别不同层次提高商业方法法律保护意识与保护能力，为商业方法法律保护的贯彻实施创造前提条件

在与电子商务联系比较紧密的产业，如金融业，开展与商业方法专利有关的知识宣传，进行旨在提高法律保护意识和利用相关法律政策增强自身竞争能力的培训。国家专利行政部门要大力推动有关行业监管组织、协会积极开展商业方法专利知识的宣传和培训，尤其是要提高有关行业和企业领导层的专利保护意识，促使他们在市场竞争中自觉引导开发专利产品和方法。在这方面，国家有关主管部门（包括专利行政主管部门和教育部门）要发挥重要作用。

（二）法律政策方面

法律政策属于立法机构和专利行政主管部门应当采取的行动。对于商业方法的专利保护问题，美、日、欧都有立法或政策行动。如前所述，根据我国现行《专利法》和专利《审查指南》，商业方法发明在我国并不是绝对地不受专利保护，但其受专利保护的条件比较严格，实际上是通过对实施其的技术手段的保护而间接地受到专利保

护。我国对于商业方法的专利保护问题没有出台新的法律政策，有关立法机构和专利局对此持保守观望态度。笔者认为，对商业方法的专利保护问题确实应当持慎重态度，但这种慎重态度是在从法律和经济角度并结合国际趋势和我国实际情况对商业方法专利进行利弊分析后采取策略的慎重，而不是仅仅因我国计算机软件技术和电子商务不发达而对商业方法不予专利保护的盲目慎重。在我国，有些商业方法能够借助于其技术实施手段得到专利保护，笔者认为，对不能借助技术实施手段受到专利保护的商业方法，由于存在以下原因，可以考虑为其提供适当的法律保护。

1. 商业方法的智力成果本质

商业方法的创新是建立在智力活动的基础上，它需要一定的成本投入，而且许多商业方法的实施不需要过多的物质投入，其“难开发、易复制”的性质比技术发明程度更强，因此需要对商业方法提供法律保护，以促进商业方法创新。

2. 国际社会的保护态度

有人以商业方法的创新不存在生产不足的情形为由反对为商业方法提供专利保护，这有一定道理。但目前，美国已经完全放开了对商业方法的专利保护，日本积极跟进，一向比较保守的欧洲也为此展开了激烈的争论，如果美国利用其在世界政治经济体系中的地位，极力推广其法律和政策，我国可能会面临来自国际社会的压力。而且，商业方法专利主要应用于电子商务领域，由于电子商务的无国界性，在美国、日本等许多国家保护而我国不保护的情况下，也会影响到我国电子商务在世界范围内的发展。

但是由于商业方法实用性强，许多商业方法具有基础性，所以不应当为商业方法提供过强的专利保护。关于商业方法的适当法律保护方式，可见本书第五章的论述，此不赘述。在新的法律保护规定没有出台的情况下，应当通过宣传向社会公众明确符合一定条件的商业方法能够得到专利保护。否则，社会公众会认为我国不对商业方法提供专利保护，从而减少了在该领域进行技术创新和申请专利的积极性。

（三）其他具体措施方面

以上从前提条件和宏观层面论述了我国应对商业方法专利之争的对策，此外，对我国政府和相关产业可采取的具体措施提出如下建议：

1. 从政策上支持国内企业申请专利和促进专利商品化

我国目前国内企业申请专利少，一方面与缺乏专利意识有关，另一方面也受专利申请和维持成本高昂的影响。为激发企业进行技术创新和专利申请的积极性，提高我国知识产权竞争力的总体水平，改变外国专利占主体的局面，国家应当在政策上对国内企业申请专利给予必要的支持，如，将专利工作经费作为研究开发经费的一项进行提取以确保专利的获得和维护；设立以扶持国内发明者获取专利保护为目的的专项基金，通过资助或补贴的方式支持个人和小企业申请专利；通过对专利使用费实行税收优惠鼓励专利的申请和持有；引导风险投资机构的建立，由投资机构将集聚的社会资金投入到专利的申请和实施上；学习美国，建立由政府资助的专利管理体制。

2. 加强同行协作，从产业层面制定和实施知识产权战略

一定领域的企业应当加强与同行在研究开发、专利管理方面的协作，最好集合起来，成立行业联盟或协会，并从产业层面制定相关的知识产权战略，从而能够增大规模和实力，充分发挥每个企业在不同领域的优势，利用群体的力量，提高各成员在相关产品上的核心竞争力，促进成员的自身发展及相关产业的繁荣。国内同行业的企业不仅要看到相互之间竞争的对立性，还要看到整个行业在与国外同行业竞争上的利益的一致性。因此，应当通过建立行业协会，加强交流与合作，避免国内同行业之间出现恶性竞争，增强在未来有可能同国外厂商产生知识产权纠纷时的谈判力量，通过促进整个行业的壮大来提高自身与国外企业竞争的能力。最需要强调的是，国内企业在被诉专利侵权或面临以专利侵权诉讼相威胁时，要通过加强行业协作，提高与专利权人就专利使用费进行谈判的意识和能力，因为专利权只赋予了专利权人可以排他地实施专利的权利，并没有赋予其单方面对专利使用权进行定价的权利。

3. 建立和完善企业内部的知识产权战略和专利发展策略

企业作为技术创新的主体，应当从切身利益出发，加强对企业知识产权战略和专利发展策略的研究，积极开发和创造自己的知识产权，提高自身知识产权的保护能力和利用管理能力，充分发挥知识产权的经济效益，提高自身市场竞争能力。由于长期计划经济体制的影响，我国企业还缺乏在市场经济中经营专利的经验和能力，因此，我国企业应当借鉴发达国家成功企业的经验和做法，主要包括以下方面：在企业内部设立知识产权管理部门，由专门机构和专业人员负责知识产权工作，将知识产权管理工作制度化；树立全球技术市场理念，充分利用无形资产扩张的超前性，“产品未到，专利先行”，以抢先占领他国市场；认真研究知识产权法律规定，既积极通过法律途径保护自身知识产权，又善于利用法律手段应对知识产权侵权之诉。

值得指出的是，对于分支机构众多的公司（如与商业方法专利密切相关的银行业）来说，应当建立由总公司集中管理知识产权的体制，由总公司对知识产权进行统一指挥，以保证技术力量的集中，避免研究劳动的重复，从而以最少的成本换取最大的收益。

4. 加大商业方法专利的研发力度，积极申请商业方法专利

尽管我国没有对商业方法专利保护明确表态，有关企业也不应因此而放松警惕，而要充分利用当前我国对商业方法专利尚在讨论消化的缓冲时间，加大对商业方法的研究和开发，尤其是要研究国外金融机构在欧美等国申请专利而没有在我国申请专利的金融领域的发明，积极利用现有专利制度对计算机软件保护的空间，尽可能多地去申请商业方法专利，尤其要重视对改进后的发明申请专利，以提高自己在将来的技术转让和合作中的谈判力量。

5. 深入研究专利法律制度，利用法律手段保护自己

一项发明要受到专利保护，不仅与发明本身条件有关，而且还要经过复杂的专利审查程序；而通过了专利审查程序的发明只能被推定为具有法律效力，因为授予该发明的专利权的效力还可能在后来的司法审查程序中被推翻。如果发明人不想为其发明申请专利保护，为避免日后他人作出相同的发明并申请专利，发明人还可以先期公开其发

明使在后发明丧失新颖性。可见，专利法律制度中有很多手段可以为企业专利战略所用。在商业方法专利方面，企业同样可以利用法律手段保护自己。对于我国的企业来说，如果被牵涉到商业方法专利侵权纠纷中，可以利用无效程序以对方的专利不具有新颖性或创造性为由请求法院宣告无效，也可以主张自己享有在先使用权。总之，作为企业来说，要深入研究相关国家的专利制度，学习发达国家企业的专利战略运用经验，掌握维护自己合法权益的法律武器。

结　语

美国1998年State Street Bank & Trust Co. v. Signature Financial Group, Inc案的判决确认了商业方法的专利客体地位，在国际范围内引发了一场商业方法专利战争：众多企业争相申请商业方法专利，有关国家积极出台措施或研究对策，专家学者纷纷撰文发表支持或反对意见。

为商业方法提供专利保护是在电子商务迅猛发展的形势下提出的要求。与能产生有形产品的技术方法或活动不同，商业方法是指将抽象的或与商业有关的事实资料用于具体商业活动的过程。商业方法专利是指权利要求本质上指向商业方法的专利，其既可以体现为方法权利要求，也可以体现为装置权利要求。商业方法专利不应当局限于电子技术环境下，但绝大多数的商业方法是以计算机技术作为实施手段的，主要表现为用于管理、商业、金融、监管或预测用途的数据处理设备或方法。

毫无疑问，为商业方法提供专利保护是符合网络信息技术处于世界领先地位的发达国家的利益的。但在具体保护标准上，美、欧、日又有所不同。美国要求产生实用的、具体的和明确的结果，但不是必须使用计算机，日本则要求通过硬件资源具体实现；在创造性方面，美、日都认为商业方法发明的经济方面有助于创造性的评价，欧洲要求有进一步的技术效果和技术贡献，仍然坚持专利客体的创造性必须体现在技术方面。可见，美国对商业方法发明的专利保护水平最高，日本次之，欧洲的要求比较严格。

实际上，尽管商业方法在计算机和网络信息技术的条件下具有了客观性、稳定性和可区别性，因此具备了成为财产权客体的条件，但商业方法多为社会公知的方法，且具有基础性。[1] 从美国授予的商业方法专利来看，其创造性主要体现在商业方法本身的独特性上，因此，为商业方法提供专利保护是违反传统专利法理论的。有人还从商业方法不存在生产不足、过于抽象、为商业方法提供专利保护将会造成很大的社会成本且与市场经济的自由竞争本质相违背等角度提出了反对商业方法专利的理由。

尽管存在上述反对理由，美国仍然确认了商业方法的专利客体地位，并在国际范围内大力推动商业方法的专利保护；日本也出台了很多措施，积极追随美国的做法。显然，美国和日本为商业方法提供专利保护，不是基于严谨的法律分析，而是从本国国家利益角度出发作出的决策，国家利益和经济扩张是美国和日本扩大商业方法专利保护的深层原因。

作为电子商务并不发达的发展中国家，在商业方法专利战争面前，我国如何应对？一味地反对商业方法专利甚至反对专利制度本身并非长久之计。专利制度在补偿研发成本、鼓励发明创造、促进经济发展方面无疑是有其积极作用的。但近年来，由于发达国家和发展中国家科学技术发展水平的差距显著，加上全球经济一体化的不断加强，发达国家在世界范围内推行有利于自身的专利制度，使专利制度越来越成为发达国家获取垄断利润的利益工具。发展中国家虽然对此进行着不断的抗争，但这样的抗争在制度总体的层面上从未奏效过。[2] 在这种情况下，我国应对策略的总体思路应该是：一方面，为商业方法提供不高于 TRIPS 协议要求的专利保护，为我国电子商务的发展提供不违背国际条约的宽松环境；另一方面，充分利用专利客体确定的国家导向性，借鉴美国从国家利益出发推动他国保护其商业方法发明的做法，加强对我国占优势的智力成果（如传统知识、传统文化表达和遗传资源）的知识产权保护，从总体上保证我国在国际经

---

[1] 黄毅，尹龙．商业方法专利［M］．北京：中国金融出版社，2004：30－55.

[2] 郑成思．信息、知识产权与中国知识产权战略若干问题［J］．法律适用，2004（7）：15.

济竞争中居于有利地位。从应对策略的具体措施来说，国家应当从政策上支持国内企业申请专利、促进专利商品化；而企业则应当深入研究专利法律制度，不断提高专利战略运用能力。需要强调的是，国内企业在被诉专利侵权或面临以专利侵权诉讼相威胁时，要加强行业协作，提高与专利权人就专利使用费进行谈判的意识和能力，因为专利权只赋予了专利权人可以排他地实施专利的权利，并没有赋予其单方面对专利使用权进行定价的权利。

参考文献

[1] 郑成思. 知识产权法 [M]. 北京：法律出版社，1997.
[2] 郑成思. 知识产权与国际贸易 [M]. 北京：人民出版社，1995.
[3] 郑成思. 知识产权法通论 [M]. 北京：法律出版社，1986.
[4] 李明德. 美国知识产权法 [M]. 北京：法律出版社，2002.
[5] 王兵，马军，等. 计算机程序的专利保护研究报告 [R]. 北京：2004.
[6] 国家知识产权局条法司，北京大学知识产权学院，华中科技大学法学院. 与计算机程序相关发明的可专利性研究报告 [R]. 北京：2004.
[7] 清华大学法学院. 计算机程序的专利保护研究报告 [R]. 北京：2004.
[8] 梁慧星. 民法总论 [M]. 北京：法律出版社，1996.
[9] 龙卫球. 民法总论 [M]. 北京：法律出版社，2002.
[10] 尹新天. 专利权的保护 [M]. 北京：专利文献出版社，1998.
[11] 文希凯，陈仲华. 专利法 [M]. 北京：中国科技出版社，1993.
[12] 张清奎. 专利审查概说 [M]. 北京：知识产权出版社，2002.
[13] 黄毅，尹龙. 商业方法专利 [M]. 北京：中国金融出版社，2004.
[14] 刘尚志，陈佳麟. 电子商务与计算机软件之专利保护 [M]. 北京：中国政法大学出版社，2001.
[15] 田芙蓉. 计算机软件的可专利性研究 [D]. 北京：中国社会科学院研究生院，2001.
[16] 陈志刚，等. 比较专利法 [M]. 兰州：兰州大学出版社，1993.
[17] 曾永珠. 专利与技术贸易 [M]. 北京：中国人民大学出版社，1990.
[18] 张晓都. 专利实质条件 [M]. 北京：法律出版社，2002.
[19] 刘孔中，宿希成，寿步. 软件相关发明专利保护 [M]. 北京：知识产权出版社，2001.
[20] 李扬. 知识产权的合理性、危机及其未来模式 [M]. 北京：法律出版社，2003.
[21] 赵元果. 中国专利法的孕育与诞生 [M]. 北京：知识产权出版社，2003.
[22] 张玲. 专利法理论与实务研究 [M]. 天津：天津人民出版社，2002.

[23] 李扬.知识产权的合理性、危机及其未来模式 [M].北京：法律出版社，2003：94.
[24] [美] P.D.罗森堡.专利法基础 [M].郑成思，译.北京：对外贸易出版社，1982.
[25] [美] 凯文·G·里韦特，戴维·克兰.尘封的商业宝藏 [M].陈彬，杨时超，译.北京：中信出版社，2002.
[26] [日] 富田彻男.市场竞争中的知识产权 [M].北京：商务印书馆，2000.
[27] [日] 神保弁吉，市桥 明.发明与专利 [M].魏启学，译.北京：中国财政经济出版社，1980.
[28] 杜颖，易继明，译.日本专利法 [M].北京：法律出版社，2001.
[29] 郑成思.信息、知识产权与中国知识产权战略若干问题 [J].法律适用，2004 (7)：11.
[30] 郑成思.反不正当竞争法律体系亟待完善 [EB/OL]. [2005-03-29]. http://politics.people.com.cn/GB/1026/3241754.html.
[31] 郑成思.中国需要怎样的知识产权战略 [EB/OL]. [2004-09-10]. http://www.china.org.cn/chinese/OP-c/547545.htm.
[32] 李顺德.计算机软件的知识产权保护 [J].电子知识产权，1998 (7)：22.
[33] 张平.美日欧在商业方法专利问题上的分歧 [J].知识产权，2003 (7)：27.
[34] 张平.论商业方法的可专利性 [J].网络法律评论，2002 (2)：145.
[35] 张平.计算机软件专利保护观念在电子商务环境下的变革 [J].知识产权，2000 (5)：22.
[36] 张平.论商业方法软件专利保护的创造性标准——美、日、欧三方比较 [J].知识产权，2003 (1)：25.
[37] 焦洪涛，林小爱.商业银行专利战略初论 [J].科技与法律，2003 (4).
[38] 巫玉芳.美国互联网上商业方法专利保护简介 [J].电子知识产权，2002 (4)：34.
[39] 沙海涛.电子商务商业方法软件的专利保护 [J].电子知识产权，2003 (2)：50.
[40] 朱理.欧洲专利局对商业方法专利的态度 [J].网络法律评论，2002 (2)：169.
[41] 张澎.经济营运模式的产权化表达 [J].外国经济与管理，2002 (6)：45.
[42] 董成良.软件专利及其创造性 [J].网络法律评论，2003 (3)：151.
[43] 赵启彬.美国专利政策新动向——美国联邦贸易委员会“促进创新”报告

介评［J］. 知识产权，2004（6）：51.
［44］陈幼松. 经营模式专利的冲击［J］. 电子知识产权，2000（9）：55.
［45］马骁. 电子商务专利引发的几点思索［J］. 电子知识产权，2000（6）：39.
［46］贺长元，王曙光. 专利审查亟待取消发明定义标准［J］. 科技与法律，2003（2）：96.
［47］耿利航. 析美国对计算机软件的版权和专利保护［J］. 政法论坛，1997（6）：112.
［48］李琛. 法的第二性与知识产权概念［G］//李琛. 知识产权片论. 北京：中国方正出版社，2004.
［49］唐昭红. 美国商业方法专利制度正当性分析［J］. 电子知识产权，2004（3）：14.
［50］李媛. 电子商务商业方法专利的保护及其界限［J］. 税收与企业，2003（1）：47.
［51］朱葆伟. 技术哲学研究综述［EB/OL］.［2004-09-29］. http：//sf. edude. net/hebei/hbgcxy/peixun/met/lwjj/journal/articledigest10/ji-shu. htm.
［52］李昭. 微软获准商业方法专利，鼓励电视观众关注商业广告［EB/OL］.［2004-09-30］. http：//www. sipo. gov. cn/sipo/ywdt/gyzscxx/t20040817_32546. htm.
［53］白先清. 从专利法国际协调看美国专利制度的发展［J］. 知识产权，2003（3）：56.
［54］杨红菊. 从新的视角看专利［EB/OL］.［2004-10-09］. http：//www. cnipr. com/zsyd/xslw/other/t20040423_28490. htm.
［55］朱瑾，李昭. 美国国家科学院国家研究理事会公布《21世纪的专利制度》研究报告［EB/OL］.［2004-10-9］. http：//www. sipo. gov. cn/sipo/ywdt/gyzscqxx/t20040616_30105. htm.
［56］朱瑾. 首个泛欧软件专利标准出台［EB/OL］.［2004-9-30］. http：//www. hzip. gov. cn/newnews. asp? knum=226.
［57］日本专利法的修改及其对软件专利的影响［EB/OL］.［2003-11-20］. http：//www. sipo. gov. cn/sipo/ywdt/gyzscqxx/t20020929_8761. htm.
［58］钱孟姗. 日本《发明专利法》、《商标法》修改了什么［EB/OL］.［2003-11-20］. http：//www. sipo. gov. cn/sipo/zscqb/zhuanban/t20020607_5914. htm.

[59] 李森堙. 日本商业方法专利制度简介 [EB/OL]. [2005-01-10]. http://www.itnet.org.tw/sinet/pub/PUB43/43-16.htm.
[60] 曹玲玲，夏佩娟. 日本专利局公布三方关于商业方法发明共同检索报告书 [N]. 中国知识产权报，2002-5-20.
[61] 张响贤. 关于我国保险创新产品知识产权保护的思考 [EB/OL]. [2005-01-10]. http://www.bisheng.com.cn/news/1400.htm.
[62] 韩风雷. 花旗展开专利攻势，央行急召四大银行联合自卫 [N]. 中国经营报，2002-12-19.
[63] 李卫玲. 华夏银行申请三项专利 [N]. 中国金融报，2003-12-1.
[64] 深圳市地禾知识产权管理咨询有限责任公司. 我国银行产业专利情报分析报告 [EB/OL]. [2004-10-20]. http://www.cnipr.com/zsyd/xslw/patent/bankpatent.doc.
[65] 苏建琪. 论商业银行的专利保护 [J]. 上海金融，2003 (4): 44.
[66] 林华. 金融专利，中资银行不能沉默 [J]. 金融经济，2003 (4): 27.
[67] 从"花卉购物节"申请专利看南京商战换代升级 [EB/OL]. [2004-02-03]. http://www.hangtu.com/jcxx_1/html/dtxx/sydt/html/njszh.htm.
[68] 吴向宏. 商业模式专利在美国的状况 [J]. 科技与法律，2001 (2): 121.
[69] 盛世豪，徐明华. 关于我国实施知识产权战略的几个认识问题 [J]. 中国软科学，2003 (9): 96.
[70] 卢明纯. 论专利制度对利益的选择与整合 [J]. 湖南工程学院学报，2001 (1): 40.
[71] 孙海龙，杨建成，刘婕. 把脉中国知识产权 [N]. 中国知识产权报，2005-1-20.
[72] 滕飞. 从国家利益的高度认识知识产权 [J]. 国际技术经济研究，2004 (3): 17.
[73] 蒋洲. 加入世界贸易组织与我国知识产权战略 [J]. 经济评论，2001 (4): 52.
[74] 周春慧. 重视知识产权战略中的国家利益 [J]. 电子知识产权，2004 (5): 3.
[75] 杨望远. 微生物及其基因呼唤专利法保护 [N]. 中国知识产权报，2005-1-1.
[76] 李良，陈晓红. 外资银行的专利壁垒与我国商业银行的专利战略 [J]. 金融论坛，2004 (4): 48.

[77] 吴静淼."商业方法专利"暗迫银行业 [EB/OL]. [2004 - 07 - 20] [2005 - 01 - 12] . http://www. ciweekly. com/ciweekly/inforcenter/A20040720326056. html.

[78] 黄迎燕. WIPO 将为传统知识和商业方法建新类目 [EB/OL]. [2005 -2 - 1]. http://www. sipo. gov. cn/sipo/ywdt/hycz/t200308 27 _ 18570. htm.

[79] DAVID BENDER. Business method patents: The view from the United States [J]. European Intellectual Property Review, 2001 (8).

[80] MICHAL LIKHOVSKI. Fighting the Patent War [J]. European Intellectual Property Review, 2001 (6).

[81] A. W. S. WILLIAMS. European Commission: proposed directive for patents for software - related inventions [J]. European Intellectual Property Review, 2004 (8).

[82] TORU TAKANO. Research and study on the trend of new areas (Business Methods) - related inventions [J]. Institute of Intellectual Property Bulletin, 2001 (10).

[83] REINIER BAKELS, HUGENHOLTZ. The patentability of computer programs [EB/OL]. [2003 - 4 - 1] . http://www. ivir. nl/publications/other/softwarepatent. pdf.

[84] BRADLEY C. WRIGHT. Business method patent: are there any limits [EB/OL]. [2003 - 11 - 29] . http://www. jmls. edu/ripl/vol2/issue1/wright. pdf.

[85] NICHOLAS A. SMITH. Business method patent and their limits [EB/OL]. [2003 - 11 - 29] . http://www. mttlr. org/volnine/Smith. pdf.

[86] MICHAEL P SANDONATO, JONATHAN BERSCHADSLY, KRISTIN BLEMASTER. Current development in business method patent Law [EB/OL]. [2003 - 11 - 28] http://www. fitzpatrickcella. com/outside _ links/busmethod. pdf.

[87] OLSWANG. The first mover monopoly [EB/OL]. [2004 - 07 -26] . http://www. oiprc. ox. ac. uk/EJWP0500. pdf.

[88] JOHN M. CONLEY. The international law of business method patents [EB/OL]. [2004 - 07 - 26] . http://www. hunton. com/pdfs/newsletter/Patent - law - update _ Business _ Methods _ 4. 04. pdf.

[89] Business Method Exception - Mathematical algorithm Exception - "Freeman

- Walter - Abele Test" [EB/OL]. [2003 - 03 -31] . http: //www. law. cornell. edu/patent/comments/96 _ 1327. htm.

[90] JOHN J. LOVE, WYNN W. COGGINS. Successfully preparing and prosecuting a business method patent application [EB/OL]. [2003 - 11 - 28] . http: //www. furutani. co. jp/office/ronbun/PreparingBMP. pdf.

[91] STEVEN J. SHUMAKER, SHUMAKER & SIEFFERT, P. A. Business method patent improvement act: creating a different class patent [EB/OL]. [2003 - 11 - 28] . http: //www. ssiplaw. com/publications/biz%20method%20act. pdf.

[92] STEVEN J SHUMAKER. Business method patent, navigating the sea of controversy [EB/OL]. [2003 - 11 - 28] . http: //www. ssiplaw. com/publications/busmethpat. pdf.

[93] HOWARD M. EISENBERG. Recent changes in US patent law [EB/OL]. [2003 - 11 - 28] . http: //www. yale. edu/ocr/invent _ guidelines/docs/recent _ changes. pdf.

[94] The Computer Law Association. The global challenge of the business method patent [EB/OL]. [2003 - 11 - 29] . http: //www. cla. org/global%20challenge. pdf.

[95] JOSEPH N. HOSTENY. The truth about the business method patent improvement act of 2000 [EB/OL]. [2003 - 12 - 06] . http: //www. hosteny. com/archive/hosteny%2006 - 01. pdf.

[96] Examples of granted European business method patents [EB/OL]. [2003 - 11 - 19] . http: //www. iusmentis. com/patents/businessmethods/epoexamples/.

[97] Examination of business method applications [EB/OL]. [2003 - 11 -19] . http: //swpat. ffii. org/papers/epo - tws - app6/index. en. html.

[98] KINARI PATEL. Business method patent policy: preserving innovation in the internet environment [EB/OL]. [2003 - 11 - 19] . http: //www. cpsr. org/essays/2002/2ip4. html.

[99] RICHARD S. TAFFET, MARCH S. HANISH. The business method patent: the uproar rage, should it? [EB/OL]. [2003 - 11 - 19] . http: //www. thelenreid. com/articles/article/art91. htm.

[100] HIDEO FURUTANI. A grounding in business patents (business method

patents) [EB/OL]. [2004 - 07 - 26] . http: //www. furutani. co. jp/office/ronbun/BPBasic - e. html.

[101] HIDEO FURUTANI. Patentability of business method inventions in Japan compared with the US and Europe [EB/OL]. [2004 -07 -26] . http: //www. furutani. co. jp/office/ronbun/Business _ method _ patents _ in _ Japan. pdf.

[102] ISIS E. CAULDER. Software and business method patents——the latest development [EB/OL]. [2004 - 07 - 26] . http: //www. bereskinparr. com/publications/pdf/Software - BMPatents. pdf.

[103] The patentability of business methods [EB/OL]. [2004 - 07 -26] . http: //www. aippi. org/reports/q158/gr - q 158 -Japan - e. htm.

[104] Europarl 2003 - 09 - 24: Amended software patent directive [EB/OL]. [2004 - 10 - 22] . http: //swpat. ffii. org/papers/europarl0309/index. en. html.

[105] AIPLA 2003 - 10: Europarl making software unpatentable! [EB/OL]. [2004 - 10 - 22] . http: //swpat. ffii. org/papers/europarl0309/aipla0310/index. en. html.

[106] The patentability of business methods at the European Patent Office [EB/OL]. [2005 - 01 - 10] . http: //www. iusmentis. com/patents/businessmethods/epc/.

[107] Patents: commission welcomes council agreement on directive on computer - implemented inventions [EB/OL]. [2004 - 10 -24] . http: //europa. eu. int/rapid/pressReleasesAction. do? reference = IP/04/659&format = HTML&aged=0&language=EN&guiLangua ge=en.

[108] RICK. D. NYDEGGER. B2B, B2C and other "business methods: to be or not to be patent eliglble [J]. University of Baltimore, Intellectual Property Law Journal, 2001 (9).

[109] JAMES GLEICK. Patently absurd [EB/OL]. [2004 - 10 - 24] . http: //www. around. com/patent. html.

[110] STEVEN J. SHUMAKER. White paper outline USPTO's strategy examining business method patent [EB/OL]. [2004 - 08 - 18] . http: //www. ssiplaw. com/publications/whitepaper. pdf.

[111] United States Department of Commerce, Patent and Trademark Office. Examination guidelines for computer - related inventions[EB/OL]. (1996)[2004 -

11 - 06]. http://www. uspto. gov/web/offices/com/sol/og/con/files/cons093. htm.

[112] Formulating and communicating rejections under 35 U. S. C. 103 for applications directed to computer - implemented business method inventions [EB/OL]. [2005 - 01 - 10]. http: //www. uspto. gov/web/menu/busmethp/busmeth103rej. htm#E18.

[113] Prior art in the field of business method patents——When is an electronic document a printed publication for prior art purposes? [EB/OL]. [2003 - 04 - 01]. http: //www. uspto. gov/web/menu/pbmethod/aiplafall02paper. htm.

[114] Proposal for a directive on the patentability of computer - implemented inventions - frequently asked questions [EB/OL]. [2004 - 10 - 22]. http: //europa. eu. int/comm/internal _ market/en/indprop/comp/02 - 32. htm.

[115] Proposal for a directive of the European Parliament and the Council on the patentability of computer - implemented inventions [EB/OL]. [2004 - 10 - 22]. http: //europa. eu. int/comm/internal _ market/en/indprop/comp/com02 - 92en. pdf.

[116] Amendment of the guidelines for examination in the European Patent Office regarding the patentability of business methods and computer - related inventions [EB/OL]. [2004 - 10 - 27]. http: //www. european - patent - office. org/news/pressrel/2001 _ 10 _ 05 _ e. htm.

[117] Policies concerning business method patents [EB/OL]. [2004 - 07 - 27]. http: //www. jpo. go. jp/tetuzuki _ e/t _ tokkyo _ e/tt1211 - 055. htm.

[118] Coordination division examination standards office. Examination of business - related inventions [EB/OL]. (1999 - 12) [2004 - 07 - 27]. http: //www. jpo. go. jp/tetuzuki _ e/t _ tokkyo _ e/treatment. htm.

[119] Draft revised examination guidelines for industrially applicable inventions [EB/OL]. [2004 - 11 - 2]. http: //www. jpo. go. jp/iken _ e/pdf/feedback _ 121102 _ 1. pdf.

[120] Examination Standards Office Coordination Division. Examination of business - related inventions [EB/OL]. [2004 - 08 - 10]. http: //www. jpo. go. jp/tetuzuki _ e/index. htm.

[121] Examination guidelines for patent and utility model in Japan [EB/OL].

[2004－11－02]．http：//www.jpo.go.jp/tetuzuki_e/.

[122] Examination Standards Office Coordination Division. Operational guidelines on treatment of technical information disclosed on the Internet as Prior Art [EB/OL]. [1999－12－10]. [2005－01－08]. http://www.jpo.go.jp/tetuzuki_e/t_tokkyo_e/unnyousisine.htm.

[123] NARI LEE. The patent subject matter reconfiguration and the emergence of proprietarian norms——The patent eligibility of business methods [EB/OL]. [2004－11－19]．http：//www.law.utu.fi/innovation/eligibility.pdf.

后 记

本书是在我博士论文的基础上发展而来的。2002 年 9 月 6 日，我进入中国社会科学院研究生院学习的第二天，《南方周末》刊登了一篇题为“花旗银行暗布专利，中资银行何时梦醒”的文章，该文让刚刚开始攻读知识产权法博士学位的我对商业方法专利这个专利领域的新事物产生了浓厚兴趣。在其后一年多的时间里，我查阅了大量的与商业方法专利有关的资料，对人们关于商业方法专利的巨大争议，美、欧、日等围绕商业方法专利出台了很多措施等现象有了初步的了解，但对于究竟何为商业方法专利、应否对商业方法予以专利保护、美、欧、日等如何保护商业方法专利等问题仍然缺乏全面而深入的认识。为了解答上述疑问，在导师的支持和鼓励下，我将商业方法专利保护问题研究作为自己的博士论文选题。

在后来的论文写作中，正如我所预感的一样，由于计算机软件知识的不足和商业交易实践（尤其是金融方面）的欠缺，使自己不能对一些复杂的商业方法专利有深入的了解。比如，对于我国授予美国花旗银行两项商业方法专利之一的“电子货币系统”，即使是金融领域的一般从业人员，如果没有长期跟踪研究网络银行和电子货币，也很难弄明白该专利申请文件中“技术性”语言所要表达的真实意思。这让我非常苦恼。

面对这些困难，在导师的指导和启发下，我从几个相对容易理解的商业方法专利入手来把握商业方法的本质，将研究内容侧重于商业方法可专利性的理论分析和立法比较方面，最后结合国际国内形势对我国的应对策略进行了较深入研究。

经过认真的研究和艰苦的劳动，本文最终得以完成，然而我的心情并没有因此而轻松起来。在论文写作过程中，一向不畏写作论文和喜欢琢磨问题的我，仍然感到了博士论文写作的不易，感到了对一个问题进行深入全面研究需要付出的艰辛与努力，更感到了自身学识和能力的不足与局限。这种体验将会时刻鞭策着我，督促我在今后的工作和学习中不能有丝毫懈怠。

首先要感谢恩师郑成思先生。作为学界泰斗，郑老师非常繁忙，但他对我的指导却全面而具体，从论文选题的确定、结构的安排，到观点的论证、文字的润色，无一不凝聚着老师的心血。作为一位有着很高学术成就和对我国知识产权领域做出过不可磨灭贡献的学者，郑老师所具有的勤奋、顽强、谦和、睿智、豁达以及对后辈的关爱，让我感受到了一种真正的学者精神，让我心生敬佩而又十分感动。令人心痛的是，郑老师于 2006 年 9 月 10 日永远离开了我们。众多的悼念文字让我对郑老师有了更深、更全面的认识。我常常想起，我将博士论文选题报告给郑老师时，他流露出的欣喜和鼓励之情。我知道，郑老师不仅自己为国家做了很多事情，他也特别希望后学晚辈们能够更多地研究并解决国家面临的知识产权问题。

本书的写就还要感谢诸多给予我大力帮助的人：中国社会科学院法学所的李顺德教授、李明德教授，清华大学的王保树教授、王兵教授和朱慈蕴教授，北京大学的陈美章教授，感谢他们为我答疑解惑，感谢他们对我论文提出富有建设性的意见；中国社会科学院法学所的夏勇教授、崔勤之教授、崔燕云老师，中国人民大学的张志铭教授，感谢他们给我以帮助和爱护；与我一起努力过、学习过的同学，特别是董涛、管育鹰、张小勇、张世君、何鸣等，感谢他们为我提供了宝贵的研究资料和许多方面的无私帮助。

感谢我的家人，他们对我的宽容、支持、理解和关爱，时刻温暖着我。在我疲惫时，他们为我提供休憩的港湾；在我懈怠时，他们是我前行的动力。

作者

2008 年 5 月 18 日